꿩 먹고 알 먹고

한글만 알면

몽골어 첫걸음

김학선 지음

문예림

꿩 먹고 알 먹는 몽골어 첫걸음

개정판 2쇄 인쇄 2024년 3월 25일
개정판 2쇄 발행 2024년 4월 10일

지은이 김학선
펴낸이 서덕일
펴낸곳 도서출판 문예림

출판등록 1962.7.12 (제406-1962-1호)
주소 경기도 파주시 회동길 366 3층 (10881)
전화 (02)499-1281~2 **팩스** (02)499-1283
대표전자우편 info@moonyelim.com **통합홈페이지** www.moonyelim.com
문의사항 카카오톡 "도서출판 문예림" 검색 후 추가 문의 사항, 이메일

ISBN 978-89-7482-927-8 (13730)

머리말

「꿩먹고 알먹는 몽골어 첫걸음」은 지난 2006년 10월부터 2007년 9월까지 1년 동안 몽골의 한인신문에 연재해온 "김학선교수와 함께하는 몽골어 배우기"를 기초로하여 만든 책입니다.

그사이 많은 분들이 한인신문의 연재내용을 보시고 제게 여러 가지 질문의 메일을 보내셨습니다. 역시 몽골어 공부에 관한 질문이 대부분이었고 문법사항이 쉽게 설명되어 있어 이해하기 쉽다는 격려의 말씀도 많았습니다. 하지만 여전히 제대로 된 교재에 대한 아쉬움을 토로하셨습니다.

저 또한 일선에서 몽골어를 가르치면서 우리말로 된 몽골어 교재에 대한 아쉬움이 많았기 때문에 어떻게 하면 좀 더 많은 분들이 몽골어에 쉽게 접근할 수 있을까 고민하게 되었습니다.

이 책은 텍스트, 문법 따라잡기, 알아두기, 문제 풀기 및 단어 익히기로 구성되어 있습니다. 기본적인 몽골어 지식습득과 효과적인 문형을 제시하여 학습자가 문장구조, 단어, 문법, 실용적 표현 등을 쉽게 익힐 수 있게 하였습니다.

텍스트의 내용은 기초학습에 필요한 표현이며 문법 따라잡기는 기본적인 문법을 되도록 간략히 쉽게 설명해 놓았습니다. 알아두기 편은 실생활에 필요한 다양한 단어와 표현들을 공부하도록 편성되었고 문제 풀기는 매 과에서 다루고 있는 핵심적인 내용을 연습하고 복습할 수 있도록 하였습니다. 마지막으로 모든 과정에 등장하는 새로운 단어들을 정리하였고 동사에는 밑줄로 어간을 구별하여 익힐 수 있도록 하였습니다.

또한 이 책은 몽골어를 처음 접하는 학습자들에게 도움을 주고자 몽골어 밑에 한글로 발음 표기를 해 놓았습니다. 되도록 토박이 화자의 발음에 가깝도록 노력하였습니다만 우리말 표기가 몽골어의 정확한 발음에 해당하지 않는 경우도 있을 수 있습니다. 따라서 너무 한글 발음 표기에 의존하지 말고, 발음하는 연습도 병행하시기 바랍니다. 몽골인이 녹음한 내용을 따라서 말해보고 쓰고 연습을 반복하면 몽골어학습에 큰 발전이 있으리라 믿습니다.

공부하시다가 궁금한 점이나 의문점이 있으시면 제 메일(hakseon66@hanmail.net)로 연락을 주시거나 또는 다음까페 '몽골사랑' 에 글로 남겨주세요. 성심성의껏 답변드리겠습니다. 또한 몽골에 관한 다양한 자료는 다음까페 '몽골사랑' (cafe.daum.net/mongolia2003)에 들어오시면 검색하실 수 있음을 알려드립니다.

좀 더 많은 분들이 좀 더 쉽게 몽골어를 접하실 수 있도록 계속 노력하겠습니다.

2008년 5월
김 학 선

추천사

Толилуулах нь

Монгол, БНСУ хоёр орны харилцаа өргөжих тусам монгол хэл сурах, судлах сонирхолтой солонгос иргэд олширсоор байна.

Өнгөрсөн хугацаанд солонгос иргэдэд зориулсан монгол хэлний сурах бичиг цөөн боловч гарсан билээ. Гэсэн хэдий ч монгол хэл сурахыг хүсэгчдийн хэрэгцээ, шаардлагын түвшин улам бүр нэмэгдэж байна.

Өнөөдөр уншигч та бүхэнд доктор Ким Хаг сөн "Монгол хэлний сурах бичиг"-ээ өргөн толилуулж байна. Уг сурах бичгийг эхлэн суралцагчдад энгийн хялбар байхаар бодож сэдэв тус бүрд гарах үг болгоны дуудлагыг солонгос үсгээр галигчилж, утгыг орчуулж, дүрмийг ойлгомжтой тайлбарлажээ. Ингэхдээ суралцагчдын зайлшгүй мэдвэл зохих хэл зүйн тайлбарыг түлхүү оруулж, аль болох энгийн хялбар өгүүлбэрийг жишээ болгон сонгож оруулсан байна. Мөн суралцагч өөрөө бие даан үзсэн хичээлээ бататгах боломжийг олгох үүднээс хичээл тус бүрд холбогдох дасгал ажлыг хавсаргажээ.

Энэхүү номыг доктор Ким Хаг сөн нь Дангүгийн ИС-ийн монгол хэлний ангид багшилж ирсэн болон монголд амьдарч буй солонгосчуудад зориулан "Солонгос иргэдийн сонин"-д нэг жилийн монгол хэлний цуврал хичээл бэлтгэн гаргасан туршлагадаа тулгуурлан бичжээ. Тиймээс энэхүү сурах бичиг нь монгол хэл сонирхон суралцагчдын хүсэл сонирхол, хэрэгцээ шаардлагад нийцэж, тэднийг монгол хэлтэй болоход чухал хувь нэмэр болно гэдэгт гүнээ итгэж байна.

Номын цагаан буян улам арвижин дэлгэрэх болтугай.

МУИС. ГХСС-ийн багш Б. Норовням

추천사

몽골과 한국 간의 교류가 지속적으로 활발해져 가면서, 몽골어를 배우려는 한국인 또한 그 숫자가 날로 늘어나고 있습니다.

물론, 한국인을 위한 몽골어 교재가 지난 몇 년동안 출판되기는 하였습니다만, 그 양이나 내용을 고려할 때, 날로 높아지는 학습자의 요구 수준을 충족시키기에는 미흡한 실정입니다.

이러한 시점에서 오늘 몽골어 학습자 여러분께 김학선 박사의 "몽골어 첫걸음"를 소개하게 되어 기쁘게 생각합니다.

본 교재는 초급단계의 학습자들을 배려하여, 본문 새 단어에 한국어 발음을 달아 주었고, 본문이 모두 번역되어 독해가 쉽고, 문법도 잘 설명되어 있습니다.

문법들을 꼭 알아야할 내용들을 가장 쉬운 방법으로 설명하고 예문도 가장 간단한 것들을 선택하여, 학습자들이 쉽게 이해하도록 주안점을 두었습니다.

아울러 학습한 내용들을 학습자 스스로가 복습할 수 있도록 문형연습까지 첨부해 주었습니다.

본 교재를 저술하신 김학선 교수는 한국의 단국대학교에서 오랫동안 몽골어를 가르치셨고, 몽골 교민언론 '한인신문' 에 몽골강좌를 1년간 게재하신 바, 이런 경험들을 바탕으로 본 교재를 만드셨습니다.

때문에 이 교재가 몽골어를 배우고자 하는 한국인들이 원하는 흥미와 필요요건을 충분히 충족시킬 수 있다고 믿으며, 한국 학습자의 몽골어 공부에 큰 도움이 되기를 기원합니다.

몽골국립대학교 한국학과

교수 베.너럽냠

목 차

몽골어

1. 기원과 계통

몽골어는 계통적으로 한국어와 마찬가지로 알타이제어(The Altaic languages)에 속하며, 유형상 교착어(The Agglutinative)다.

역사상 몽골어가 언제부터 사용되었는가 하는 것에 대해서는 학자들마다 의견이 다르다. 과거 동북아지대의 맹주였던 흉노족, 돌궐족, 위구르족, 거란족 등의 언어들이 몽골어의 기원과 관련된 언어들로 보고 있다. 몽골족의 문자도입은 12세기부터 문헌에 나타나지만 그 이전부터 사용했을 것으로 추정되며 다양한 방언에 따라 그에 적절한 문자도 다양하게 변화 시도되어 왔다.

9세기경 소그드(Sogd) 문자의 영향을 받아 만들어진 문자인 위구르 문자는 근대 초기까지 몽골의 공용문자로 사용해 왔으나 1945년 1월 1일부터 러시아어의 키릴문자에 ө[어], ү[우] 두 모음을 첨가하여 만든 키릴문자를 공식문자로 사용하고 있다.

2. 음운구조

Цагаан толгой[차가-앙 털거이] : 현대 몽골어의 자모는 러시아어의 키릴문자에, 발음은 할흐방언에 기초를 두고 있으며 1945년 이후부터 공식 언어로 사용하고 있다. 러시아어에 없는 ө[어], ү[우] 두 모음을 첨가하여 모음 13자, 자음 19자, 부호(경음부호/연음부호)2자로 모두 34자이다.

모음의 수는 모두 13개이지만 몽골어의 모음음가는 а[아], э[에], и[이], о[어], у[오], ө[어], ү[우]를 기본으로 하고 있기 때문에 이들을 기본모음이라 하며 그 외에 я[야], е[예], ё[여], ю[유], й[이], ы[이-]를 보조모음이라고 한다.

몽골어 음운구조의 대표적인 특징은 모음조화현상이 잘 보존되어 있는 점이다.

3. 문법구조

현대 몽골어의 문법구조는 한국어의 문법구조와 유사하다. 즉, 수식어는 피수식어의 앞에 놓이고, 목적어는 서술어의 앞에 놓인다. 관계대명사가 없으며 부동사가 발달해 있다. 또한 시제와 상 · 태, 서법범주를 나타내는 어미가 아주 발달해 있다. 품사분류도 한국어와 유사하게 명사, 형용사, 수사, 대명사, 동사, 부사, 접속사, 감탄사 등이 있고, 보조사(сул үг)가 있는 것이 특수한 점이다.

또한, 한국어에서는 명사 뒤에 조사가 붙어서 문법적인 관계를 나타내는데 몽골어에서도

마찬가지로 명사 뒤에 격조사가 붙어서 문법적인 관계를 나타낸다.

ээж	(에-찌, 어머니가. 주격)
ээжийн	(에-찌-잉, 어머니의. 속격)
ээжид	(에-찌드, 어머니에게. 여처격)
ээжийг	(에-찌-끄, 어머니를. 대격)
ээжээс	(에-쩨-쓰, 어머니에게서. 탈격)
ээжээр	(에-쩨-르, 어머니로 하여금. 도구격)
ээжтэй	(에-찌테, 어머니와. 공동격)
ээж рүү	(에-찌루-, 어머니로. 방향격)

4. 통사

몽골어의 통사 구조는 알타이어의 특징을 그대로 간직하고 있다. 즉, 주어는 문장의 첫 머리에 오며 목적어는 서술어 앞에 온다. 서술어는 항상 문장의 맨 뒤에 온다. 또 꾸미는 말은 꾸림을 받는 말의 앞에 온다.

현대 몽골어	Өчигдөр	аав	бидэнд	амттай	алим	авчирж	өгсөн.
한국어 전사	우칙드르	아-우	비덴뜨	암트테	알림	아우치르찌	욱승
한국어 번역	어제	아버지께서	우리에게	맛있는	사과를	사다	주셨다.

현대 몽골어의 키릴문자와 발음

현대 몽골어의 자모인 Цагаан толгой[차가-앙 털거이/알파벳]는 러시아어의 키릴문자에, 발음은 할흐방언에 기초를 두고 있으며 1945년 이후부터 공식 언어로 사용하고 있다. 러시아어에 없는 ө[어], ү[우] 두 모음을 첨가하여 모음 13자, 자음 19자, 부호(경음부호/연음부호) 2자로 모두 34자이다.

1. 몽골어 알파벳

Цагаан толгой[차가-앙 털거이/알파벳]					
인쇄체	필기체	한글음	인쇄체	필기체	한글음
А а	*А а*	아	П п	*П п*	페
Б б	*Б б*	베	Р р	*Р р*	에르
В в	*В в*	웨	С с	*С с*	이스
Г г	*Г г*	게	Т т	*Т т*	테
Д д	*Д д*	데	У у	*У у*	오
Е е	*Е е*	예	Ү ү	*Ү ү*	우
Ё ё	*Ё ё*	여	Ф ф	*Ф ф*	에프
Ж ж	*Ж ж*	제	Х х	*Х х*	헤
З з	*З з*	쩨/제	Ц ц	*Ц ц*	체
И и	*И и*	이	Ч ч	*Ч ч*	체
й	*й*	하가스 이	Ш ш	*Ш ш*	이쉬
К к	*К к*	카	ъ	*ъ*	하토-깅 템데끄
Л л	*Л л*	을	ы	*ы*	이-
М м	*М м*	음	ь	*ь*	절-르니 템데끄
Н н	*Н н*	은	Э э	*Э э*	에
О о	*О о*	어	Ю ю	*Ю ю*	요/유
Ө ө	*Ө ө*	어/우	Я я	*Я я*	야

А а [아]	аав [아-우]	아버지	П п [ㅍ]	паспорт [파스퍼르트]	여권
	ах [아흐]	형/ 오빠		пүрэв гариг [푸릅 가릭]	목요일
	хавар [하와르]	봄		пуужин [포-징]	로켓
Б б [ㅂ]	би [비]	나	Р р [ㄹ]	радио [라디어]	라디오
	баяр [바야르]	기쁨		рашаан [아르샤-앙]	약수
	бид [비드]	우리		сар [사르]	달
В в [ㅇ(ㅗ/ㅜ)]	ваар [와-르]	도자기	С с [ㅅ/ㅆ]	сонин [서닝]	신문
	хавар [하와르]	봄		сонсох [선서흐]	듣다
	вандуй [완도이]	콩		спорт [스퍼르트]	스포츠
Г г [ㄱ/ㄱㄲ/]	гар [가르]	손	Т т [ㅌ]	та [타]	당신
	газар [가짜르]	땅		том [텀]	크다
	гариг [가릭]	요일, 혹성		тийм [티-임]	네
Д д [ㄷ/ㄸ]	бид [비드]	우리	У у [ㅗ]	ус [오쓰]	물
	доор [더-르]	아래		уул [오-올]	산
	дутуу [도토-]	부족하다		утас [오타쓰]	전화
Е е [ㅖ]	ерөөл [유러-얼]	축원	Ү ү [ㅜ]	үүл [우-울]	구름
	герман [계르망]	독일		дүү [두-]	동생
	ер [이르]	구십		нүд [누드]	눈
ё [ㅕ]	хоёр [허여르]	2, 둘	Ф ф [ㅍ]	кофе [커페]	커피
	ёс [여쓰]	도리		франц [프란츠]	프랑스
	ёроол [여러-얼]	밑, 밑바닥		гольф [걸프]	골프
Ж ж [ㅈ]	жимс [짐쓰]	과일	Х х [ㅎ]	хамар [하마르]	코
	жар [자르]	육십		хар [하르]	검정
	жаргал [자르갈]	행복		хол [헐]	멀다
З з [ㅈ/ㅉ]	загас [자가쓰]	생선	Ц ц [ㅊ]	цаг [착]	시간
	зургаа [조르가-]	육		цагаан [차가-앙]	하얀
	зам [잠]	길		цаас [차-쓰]	종이
И и [ㅣ]	их [이흐]	많다	Ч ч [ㅊ]	чи [치]	너
	чи [치]	너		чихэр [치헤르]	사탕
	бич [비치]	원숭이		чоно [천]	늑대
Й [ㅣ]	айл [아일]	가족	Ш ш [ㅅ/시]	шар [샤르]	노란
	сайн [생]	좋다		шат [샤트]	계단

	байна [밴]	있다		шинэ [신]	새로운
К к [ㅋ]	кино [키노]	영화	ъ	харъя [하리]	보자
	кофе [커페]	커피		явъя [야위]	가자
	километр [킬로메트르]	킬로미터		уншъя [온시]	읽자
Л л [ㄹ]	хэл [헬]	혀, 언어	ы	ахын [아힝]	형의
	хоол [허-얼]	밥, 음식		Монголыг [멍걸리-그]	몽골을
	лаа [라-]	초		аавын [아-윙]	아버지의
М м [ㅁ]	мах [마흐]	고기	ь	морь [머르]	말
	малгай [말개]	모자		хонь [헌]	양
	мод [머뜨]	나무		сургууль [소르고-올]	학교
Н н [ㄴ]	нас [나쓰]	나이	Э э [ㅔ]	эгч [에끄치]	누나
	ном [넘]	책		энэ [엔]	이것
	найз [내쯔]	친구		эх [에흐]	어머니
О о [ㅓ]	ор [어르]	침대	Ю ю [ㅠ]	юм [윰]	것
	орон [어렁]	나라		оюутан [어요탕]	학생
	олон [얼렁]	많다		юбка [유브크]	치마
Ө ө [ㅓ/ㅜ]	хөл [훌]	다리	Я я [ㅑ]	яс [야쓰]	뼈
	өрөө [우러-]	방		ямаа [야마-]	염소
	хөдөө [후더-]	시골		явах [야와흐]	가다

※ 한글 발음표기에 나타나는 '–'는 바로 옆의 모음이 길게 발음되는 것을 나타낸다. 또한 실제 몽골어 발음을 우리말로 표기할 때 되도록이면 위의 규칙을 따르되 그렇지 않은 경우도 있다.

2. 모 음

모음의 수는 모두 13개이지만 몽골어의 모음음가는 а[아], э[에], и[이], о[어], у[오], ө[어], ү[우]를 기본으로 하고 있기 때문에 이들을 기본모음이라 하며 그 외에 я[야], е[예], ё[여], ю[유], й[이], ы[이-]를 보조모음이라고 한다.

й[이]는 독립적으로 음절을 형성하지 못하며 혀의 중간으로부터 발음되는 반모음, 반자음적인 성질의 음성을 나타낸다. 이중모음과 장모음을 표기하는 데 쓰인다.

- 기본7모음 а, э, и, о, ө, у, ү
- 장모음 аа, ээ, оо, уу, өө, үү, ий
- 이중모음 ай, эй, ой, уй, үй

2.1 기본 7모음 발음표

허위치 / 구강넓이	전설		중설		후설	
	평순	원순	평순	원순	평순	원순
좁은	И(i)			Ү(ü)		У(u)
중간	Э(e)			Ө(ö)		O(o)
넓은					A(a)	

2.2 모음조화법칙

몽골어에서는 a, o, у, ы, я, ё 등의 모음을 남성모음, э, ө, ү, е 등의 모음을 여성모음, и를 중성모음이라고 한다. 몽골어에서는 모음조화법칙이 확실하게 지켜져 남성모음과 여성모음이 한 단어 안에 섞여 쓰이는 경우는 없다.

즉, 한 단어의 모음 배열표는 다음과 같다.

첫음절의 모음	다음에 올 수 있는 모음		
	단모음	장모음	이중모음
а, аа, ай	а	аа, уу, ы	ай, иу, иа
э, ээ, эй	э	ээ, үү	эй
о, оо, ой	о	оо, уу, ы	ой
ө, өө, ой	ө	өө, үү	эй
у, уу, уй	а	аа, уу, ы	ай
ү, үү, үй	э	ээ, үү	эй
и, ий	э	ээ, үү	

몽골어의 음성학적인 측면에서 남성모음이 있는 단어를 남성어(эр үг), 여성모음이 있는 단어를 여성어(эм үг)라고 한다. 중성모음 и는 남성어나 여성어 어느 쪽에도 쓰인다. 그러나 단지 하나의 모음 и가 들어간 단어는 여성어로 본다.

3. 자 음

'н' 는 뒤에 모음이 올 경우 'ㄴ' 으로 발음하고 뒤에 모음이 없거나 자음이 올 경우에는 'ㅇ' 으로 발음된다.

хана 벽 (한) хаан 왕 (하-앙) мянга 천 (미양가)

'я, е, ё' 는 1인칭 동사종결어미로 쓰일 경우에 'i' 로 발음된다.

явъя 가자 (야위) хийе 하자 (히-) оръё 들어가자 (어리)

4. 부 호

'ъ' 는 경음부호(硬音符號)로 그 앞의 자음을 경직화하며 'ь' 는 연음부호(軟音符號)로 그 앞의 자음을 부드럽게 발음하라는 신호이다.

5. 강 세 (악센트)

몽골어 단어의 강세는 첫 음절에 위치한다.

но|м

нийс|лэл

тэм|дэглэл

6. 억 양 (인터내이션)

몽골어 문장의 억양은 다음과 같다.

Дорж : Би захиа бичиж байна. [→]

Ээж : Чи өнөөдөр хичээлдээ явахгүй юм уу? [↗]

Туяа : За, одоо явлаа. [↘]

Хичээл

1 Энэ юу вэ?

A : Энэ юу вэ?
엔 유 웨

Б : Энэ бал.
엔 발

A : Энэ сандал уу?
엔 산달로-

Б¹ : Тийм энэ сандал.
티-임 엔 산달

Б² : Үгүй, энэ сандал биш.
우귀 엔 산달 비쉬.

Энэ ширээ.
엔 시레-

A : Тэр юу вэ?
테르 유 웨

Б : Тэр ном.
테르 넘

A : Тэр харандаа юу?
테르 하른다- 요-

Б¹ : Тийм. Тэр харандаа.
티-임. 테르 하른다-

Б² : Үгүй, тэр харандаа биш.
우귀 테르 하른다- 비쉬

Тэр үзэг.
테르 우젝

A : 이것은 무엇입니까?
B : 이것은 볼펜입니다
A : 이것은 의자입니까?
B¹ : 네, 이것은 의자입니다.
B² : 아니오, 이것은 의자가 아닙니다.
이것은 책상입니다.

A : 저것은 무엇입니까?
B : 저것은 책입니다.
A : 그것은 연필입니까?
B¹ : 네, 그것은 연필입니다.
B² : 아니오, 그것은 연필이 아닙니다.
그것은 만년필입니다.

A : Энэ хэн бэ?
엔 헨 베

Б : Энэ Бат.
엔 바트

A : Энэ Бат уу?
엔 바토-

Б[1] : Тийм, энэ Бат.
티-임 엔 바트

Б[2] : Үгүй, энэ Бат биш.
우귀 엔 바트 비쉬

Энэ Болд.
엔 벌드

A : Тэр хэн бэ?
테르 헨 베

Б : Тэр багш.
테르 박시

A : Тэр Чольсү юу?
테르 철수 요-

Б[1] : Тийм. Тэр Чольсү.
티-임 테르 철수

Б[2] : Үгүй, тэр Чольсү биш.
우귀 테르 철수 비쉬

Ките.
기태

A : 이 사람은 누구입니까?
B : 이 사람은 바트입니다.
A : 이 사람은 바트입니까?
B[1] : 네, 이 사람은 바트입니다.
B[2] : 아니오, 이 사람은 바트가 아닙니다. 이 사람은 벌드입니다.

A : 저 분은 누구십니까?
B : 저 분은 선생님입니다.
A : 저 사람은 철수입니까?
B[1] : 네, 저 사람은 철수입니다.
B[2] : 아니오, 저 사람은 철수가 아닙니다. 기태입니다.

1 단계

문법 따라잡기

◆ 의문문

몽골어 의문문은 의문사가 있는 형태와 의문사가 없는 2가지 형태로 나뉜다. 이러한 의문문은 문장 끝에 각각 아래와 같은 의문첨사가 연결된다.

회화체에서는 생략하는 경우도 많이 있다.

(1) 의문사가(언제, 왜, 누가, 어디, 무엇) 있는 의문문에 **бэ/вэ?** 의문첨사가 사용된다.

-бэ : в, л, м, н 자음으로 끝난 단어 뒤에 연결한다.

-вэ : в, л, м, н 자음을 제외한 나머지 자음과 모음으로 끝난 단어 뒤에 연결한다.

(2) 의문사가 없는 의문문에 **уу/үү?, юу/юү?** 의문첨사가 사용된다.

- **уу** : а, о, у 모음이 있는 단어 뒤에 연결한다.
- **үү** : ө, ү, э, и 모음이 있는 단어 뒤에 연결한다.
- **юу** : а, о, у 모음이 있고 장모음, 이중모음으로 끝나는 단어 뒤에 연결한다.
- **юү** : ө, ү, э, и 모음이 있고 장모음, 이중모음으로 끝나는 단어 뒤에 연결한다.

의문사의 유무	의문첨사	예
의문사가 있는 문장	**бэ?**	хэн бэ?
	вэ?	хэзээ вэ?, яагаад вэ?, юу вэ?
의문사가 없는 문장	**уу?**	ном уу?, ах уу?
	үү?	дэвтэр үү?, ээж үү?
	юу?	орой юу?, лаа юу?
	юү?	өглөө юү?, ширээ юү?

2 단계

알아두기

1. 긍정의 표현: Тийм(예)

질문에 대한 긍정의 응답어로 사용하며 '옳다, 맞다' 라는 의미를 나타낸다. 일반적으로 Тиймээ는 Тийм보다 부드러운 표현이며, Тийм Тийм은 강한 긍정이나 약간의 불만을 포함하기도 한다.

2. 부정의 표현: Үгүй(아니다), Биш(~이/가 아니다)

질문에 대한 부정의 응답어로 사용한다. Үгүй는 사물 또는 행위의 존재를 부정하고 Биш는 사물 또는 행위의 성질을 부정한다.

일반적으로 Бишээ는 Биш보다 부드러운 표현이며 Биш Биш는 강한 부정이나 약간의 불만을 포함하기도 한다.

3. Энэ(이/이 사람), Тэр(그/그 사람, 저/ 저 사람)

사물과 사람에 동일하게 Энэ(이/이 사람), Тэр(그/그 사람, 저/ 저 사람) 라는 지시 대명사를 사용하는데, Тэр의 경우 거리상 아주 멀리 있는 것을 표현할 때 'тээр тэр' 라고 사용하기도 한다.

4. хэн бэ?(누구니?/누구입니까?/누구십니까?)

몽골어에서는 존경의 어휘를 따로 사용한 문장을 제외하고 동일한 문장을 손위, 손아래 상관없이 사용할 수 있다. (존경의 어휘는 아주 적은 편이고 주로 문어체에서 사용한다.)

3 단계

문제 풀기

Ⅰ. 다음의 의문문을 의문첨사 бэ, вэ, уу, үү, юу, юү 중에 알맞은 것을 골라 완성하시오.

보기≫ Тэр өвөө юү, аав уу?

1. Энэ юу ____________?
2. Энэ хүн хэн ____________?
3. Энэ сандал ____________, ширээ ____________?
4. Энэ дэвтэр ____________, цаас ____________?
5. Тэр оюутан ____________, багш ____________?
6. Тэр Бат ____________, Чольсү ____________?

Ⅱ. 다음 보기와 같이 문장을 완성하시오.

보기≫
A : Энэ юу вэ? / Энэ загас уу?
B : Тийм. Энэ загас. / Үгүй. Энэ загас биш.

1. A : Энэ ________ ________? / Энэ дэвтэр үү?
   B : Тийм. ________ ________. / Үгүй. ________ ________ ________.

2. A : Тэр ________ ________? / Тэр гутал уу?
   B : ________. ________ ________.
   / Үгүй. ________ ________ ________.

3. A : Энэ хэн бэ? ________ ________ уу?
B : ________. ________ Бат. / Үгүй. ________ Бат ________ .

4. A : ________ ________ ________? / Тэр эмч үү?
B : Тийм. ________ ________. / ________. ________ ________ ________.

5. A : Тэр хэн бэ? / ________ өвөө ________?
B : Тийм. ________ ________. / Үгүй. ________ ________ ________.

Ⅲ. 다음의 몽골어 문장을 우리말로 옮기시오.

1. Энэ юу вэ?
→

2. Тэр ногоо юу?
→

3. Энэ Болд уу?
→

4. Үгүй. Энэ загас биш.
→

5. Энэ харандаа юу?
→

Ⅳ. 다음의 우리말을 몽골어로 옮기시오.

1. 이것은 공책입니까?
→

2. 네. 이것은 의자입니다.
→

3. 그것은 책상입니까?
→

4. 저 사람은 의사입니까?
→

5. 아니오, 그 사람은 선생님이 아닙니다.
→

단어 익히기

• бал	볼펜	• орой	저녁
• сандал	의자	• лаа	초
• багш	선생님	• өглөө	아침
• ширээ	책상	• өвөө	할아버지
• ном	책	• аав	아버지
• харандаа	연필	• хүн	사람
• үзэг	만년필	• цаас	종이
• хэн	누구	• оюутан	대학생
• хэзээ	언제	• загас	생선
• яагаад	왜	• гутал	신발
• юу	무엇	• эмч	의사
• ах	형, 오빠	• ногоо	야채
• дэвтэр	공책		
• ээж	어머니		

Хичээл 2

Сайн байна уу?

А : Сайн байна уу?
생 배노-

Б : Сайн, та сайн байна уу?
생 타 생 배노-

А : Таны нэр хэн бэ?
타니 네르 헨 베

Б : Миний нэр Бат.
미니 네르 바트

Таныг хэн гэдэг вэ?
타니끄 헹 게떼끄 웨

А : Намайг Болороо гэдэг.
나매끄 벌르러- 게덱

Та хэдэн настай вэ?
타 헤등 나스태 웨

Б : Би 20 настай. Та хэдтэй вэ?
비 허링 나스태 타 헤드테 웨

А : Би 22 настай.
비 허링 허여르 나스태

Б : Та Доржийн эгч үү?
타 더르찡 에그츄-

А : Тийм, Би Доржийн эгч.
티-임 비 더르찡 에그치

Б : Тантай уулзсандаа баяртай байна.
탄태 오-올즈싼다- 바야르태 밴

А : Баярлалаа. Би ч бас.
바야를라- 비취 바스

A : 안녕하세요?
B : 네, 안녕하세요?
A : 당신의 이름은 무엇입니까?
B : 내 이름은 바트입니다. 당신의 이름은 무엇입니까?
A : 나는 벌르러라고 합니다. 당신은 몇 살입니까?
B : 나는 20살입니다. 당신은 몇 살입니까?
A : 나는 22살입니다.
B : 당신은 더르찌의 누나입니까?
A : 네, 더르찌의 누나입니다.
B : 만나서 반갑습니다.
A : 감사합니다. 저도 /반갑습니다./

문법 따라잡기

◆ 속격(소유격) : ~의

속격어미는 몽골어 문어체나 구어체에서 널리 사용되는 어미이다.
어미 형태는 –ын/–ийн/–ы/–ий/–н 등이 있다.
아래와 같이 속격형 어미들을 구별하여 단어에 연결한다.

(1) – ын
단어 끝이 н 이외의 자음 또는 단모음으로 끝나는 남성모음어 뒤에 연결한다.

ахын гэр	형의 집	номын сан	도서관
аавын цаг	아버지의 시계		

(2) – ийн
단어 끝이 н 이외의 자음 또는 단모음으로 끝나는 여성모음어 뒤에 연결한다.

эгчийн ном	누나의 책	ээжийн цаг	어머니의 시계
гэрийн өмнө	집 앞		

*주의 : 그러나 남성모음어일지라도 단어의 끝이 'г, ж, ч, ш, ь, и' 으로 끝나는 경우에는 -ийн을 연결한다.

Дорж→ Доржийн цүнх	더르찌의 가방
багш → багшийн ном	선생님의 책
зураг → зургийн үзэсгэлэн	사진 전시회
анги → ангийн дарга	반장

(3) –ы
단어의 끝이 н이나 숨은 н으로 끝나는 남성모음어 뒤에 연결한다.

та(н) → таны хүү	당신의 아들
сонин → сонины гарчиг	신문의 목차

(4) –ий

단어 끝이 н이나 숨은 н으로 끝나는 여성모음어 뒤에 연결한다.

хүн → хүний юм　사람의 것
хэн → хэний хүү　누구의 아들
хөдөө → хөдөөний хүн　시골 사람

(5) –н

단어 끝이 이중모음이나 장모음으로 끝나는 일부 단어에 남성모음어, 여성모음어에 상관없이 연결한다.

малгай → малгайн бүч　모자의 끈
дэлхий → дэлхийн аварга　세계 챔피언

(6) –гийн

단어 끝이 장모음 또는 н으로 끝나는 일부 단어에 남성모음어, 여성모음어에 상관없이 연결한다.

дүү → дүүгийн өрөө　동생의 방
байшин → байшингийн булан　건물의 구석

◆ 인칭대명사의 속격

	인칭	대명사	속격	의미
단수	1인칭	Би	Миний (Манай)	나의/내
	2인칭	Чи	Чиний	너의/네
		Та	Таны (Танай)	당신의
	3인칭	Энэ	Үүний, энэний	이 사람의
		Тэр	Түүний, Тэрний	그/저 사람의
복수	1인칭	Бид/нар/	Бидний	우리들의
	2인칭	Та нар	Та нарын	너희들의/당신들의
	3인칭	Эд	Эдний	이들의
		Тэд/нар/	Тэдний, Тэд нарын	그들의/저들의

알아두기

◆ 인칭대명사 Би(나) Ta(당신) Чи(너)

몽골어 1인칭대명사 Би(나)는 겸양어인 '저'로도 사용된다. 몽골어는 존칭에 대한 어휘가 발달되어 있는데 Ta(당신)라는 2인칭대명사는 존경의 의미를 나타내며 주로 윗사람에게 사용한다. 또한 동년배라도 처음 만났을 때 사용할 수 있다. 한편, 2인칭대명사 Чи(너)는 아랫사람이나 동년배에게 사용한다.

◆ Таны нэр хэн бэ?, Таныг хэн гэдэг вэ?

타니 네르 헹 베, 타니끄 헹 게떼끄 웨

두 문장 모두 '당신의 이름은 무엇입니까?' 라는 의미로 자주 사용된다.

◆ 숫자 읽기

1 : нэг	10 : арав	11 : арван нэг, 12 : арван хоёр, 13 : арван гурав, 14 : …
2 : хоёр	20 : хорь	21 : хорин нэг, 22 : хорин хоёр, 23 : хорин гурав, 24 : …
3 : гурав	30 : гуч	31 : гучин нэг, 32 : гучин хоёр, 33 : гучин гурав, 34 :…
4 : дөрөв	40 : дөч	41 : дөчин нэг, 42 : дөчин хоёр, 43 : дөчин гурав, 44 : …
5 : тав	50 : тавь	51 : тавин нэг, 52 : тавин хоёр, 53 : тавин гурав, 55 :…
6 : зургаа	60 : жар	61 : жаран нэг, 62 : жаран хоёр, 63 : жаран гурав, 64 :…
7 : долоо	70 : дал	71 : далан нэг, 72 : далан хоёр, 73 : далан гурав, 74 :…
8 : найм	80 : ная	81 : наян нэг, 82 : наян хоёр, 83 : наян гурав, 84 :…
9 : ес	90 : ер	91 : ерэн нэг, 92 : ерэн хоёр, 93 : ерэн гурав, 94 : …

100 : зуу 200 : хоёр зуу 300 : гурван зуу ....

111 : зуун арван нэг 231 : хоёр зуун гучин нэг

312 : гурван зуун арван хоёр ...

1000 : мянга

10000 : арван мянга

100000 : зуун мянга

1000000 : сая

문제 풀기

Ⅰ. 다음 보기와 같이 // 안의 단어에 알맞은 속격어미를 연결하여 답하시오.

보기≫

A : Тэр хэний малгай вэ?
B : Тэр *аавын* малгай. /аав/

1. A : Хэний цүнх вэ?
   B : __________ цүнх/Эгч/

2. A : Тэр хэний утас вэ?
   B : Тэр __________ утас./Ах/

3. A : Тэр хүн хэний ээж вэ?
   B : Тэр хүн __________ ээж./Бат/

4. A : Чи юуны анги вэ?
   B : Би __________анги./Монгол хэл/

5. A : Тэр аль улсын далбаа вэ?
   B : Тэр __________ далбаа./Япон/

6. A : Энэ чиний цүнх үү?
B : Үгүй, өөр ___________ цүнх./хүн/

7. A : Энэ юу вэ?
B : ___________ хувцас./хүү/

Ⅱ. 다음 보기와 같이 질문에 답하시오.

보기≫

A : Энэ хэний цүнх вэ?
B : Энэ *эээжийн* цүнх. /Ээж/

1. Энэ хэний зураг вэ?
_______________________________________ /би/
2. Тэр хүн хэний найз вэ?
_______________________________________ /Дорж/
3. Энэ хэний үзэг вэ?
_______________________________________ /Багш/
4. Чи хэний дүү вэ?
_______________________________________ /Бат/
5. Чиний эгч хэн бэ?
_______________________________________ /Би, Туяа/

Ⅲ. 다음 보기와 같이 주어진 단어들로 문장을 만드시오.

보기≫

Би/анги/дарга
→ *Би ангийн дарга.*

1. Энэ/би/өрөө/түлхүүр.
→
2. Энэ/тэр/ном/биш/би/ном.
→

3. Тэр/Болд/гэр.

→

4. Тэр/нэр Цэцэгээ.

→

Ⅳ. 다음의 몽골어를 우리말로 옮기시오.

1. Таны нэр хэн бэ?

→

2. Танай охины нэр хэн бэ?

→

3. Та хэдэн настай вэ?

→

4. Би гучин нэгэн настай.

→

5. Тантай уулзсандаа баяртай байна.

→

Ⅴ. 다음의 우리말을 몽골어로 옮기시오.

1. 나는 42살입니다.

→

2. 우리 아들은 8살입니다.

→

3. 이것은 어머니의 가방입니다.

→

4. 이것은 누구의 사진입니까?

→

5. 저것은 누나의 전화기입니다.

→

단어 익히기

• нэр	이름	• хаана	어디
• та	당신	• цаг	시간
• хэзээ	언제	• тантай	당신과
• өчигдөр	어제	• номын сан	도서관
• харин	그런데	• хана	벽
• хэдэн	몇, 얼마	• далбаа	깃발, 기
• баярлалаа	감사합니다	• толгой	머리
• би ч бас	저도	• найз	친구
• нас	나이	• гэр	집
• сайн	좋다, 잘	• хувцас	옷
• сайхан	좋다, 아름답다	• өрөө	방
		• түлхүүр	열쇠
• эгч	언니, 누나	• дүү	동생
• цүнх	가방	• булан	구석
• утас	전화	• байшин	건물
• улс	나라	• дэлхий	지구, 세계
• анги	교실, 반	• аварга	챔피언
• дарга	사장, 장	• дэлхийн аварга	세계 챔피언
• ангийн дарга	반장	• бүч	끈
• хүү	아들	• малгай	모자
• сонин	신문	• уулзах	만나다
• гарчиг	목차	• Монгол хэл	몽골어
• юм	것	• Япон	일본
• хөдөө	시골	• охин	딸
• үзэсгэлэн	전시회		

Хичээл

3 Та Солонгос хүн үү?

A : Та Солонгос хүн үү?
타 설렁거스 후누-

Б : Тийм, би Солонгос хүн.
티-임, 비 설렁거스 훙

A : Тэр Япон хүн үү?
테르 야펑 후누-

Б : Тийм, тэр Япон хүн.
티-임. 테르 야펑 훙

A : Энд хэдэн хүн байна вэ?
엔드 헤등 훙 밴 웨

Б : Энд таван хүн байна.
엔드 타왕 훙 밴

A : Тэнд хэдэн сандал байна вэ?
텐드 헤등 산달 밴 웨

Б : Тэнд гурван сандал байна.
텐드 고르왕 산달 밴

A : Танд ном байна уу?
탄드 넘 배노-

Б : Үгүй, надад ном алга.
우귀, 나따드 넘 알라크

A : Танд дэвтэр байна уу?
탄드 뎁테르 배노-

Б : Үгүй, надад дэвтэр байхгүй.
우귀, 나따드 뎁테르 배흐꾸

A : 당신은 한국 사람입니까?
B : 네, 저는 한국 사람입니다.
A : 저 사람은 일본 사람입니까?
B : 네, 저 사람은 일본 사람입니다.
A : 여기에 몇 사람이 있습니까?
B : 여기에 다섯 사람이 있습니다.

A : 저기에 의자가 몇 개 있습니까?
B : 저기에 의자가 세 개 있습니다.
A : 당신에게 책이 있습니까?
B : 아니오, 나에게 책이 없습니다.
A : 당신에게 공책이 있습니까?
B : 아니오, 나에게 공책이 없습니다.

문법 따라잡기

◆ 여 · 처격(-д/-т)

몽골어의 여 · 처격어미 -д/-т는 한국어의 '-에게/-한테, -에/-에(서)' 등의 조사와 대응된다.

아래와 같이 여 · 처격어미를 구별하여 단어에 연결한다.

(1) -д

단어 끝이 в, г, р, с 이외의 자음이나 모음으로 끝나는 경우에 연결한다.

сургууль – сургуульд	학교에(서)
анги – ангид	교실에(서)
хурал – хуралд	회의에(서)

※ 불안전 자음(д, т, ж, з, с, ш, ч, ц, х)으로 끝나는 단어에 д를 연결할 때는 정서법 규칙에 따라 그 앞에 관련모음을 첨가해 사용한다. ж, ч, ш로 끝나는 단어 앞에는 и모음을 첨가하고 이 이외의 자음 뒤에는 모음 조화 규칙에 따라 적당한 모음을 첨가한다.

ээжид	어머니께	багшид	선생님에게
эгчид	누나에게	эмчид	의사에게
ахад	형에게	дундад	중간에

(2) -т

단어 끝이 в, г, р, с 자음으로 끝나는 경우에 연결한다.

гар – гарт	손에(서)	цаг – цагт	시간에
орос – орост	러시아에(서)	сэдэв – сэдэвт	주제에

※ 예외 : аавд 아버지께 сард 월에, 달에(서)

(3) 여 · 처격어미 -д/-т는 명사와 결합하여 다음과 같은 의미를 나타낸다.

① Аавд хэлсэн. — 아버지께 이야기했다.
아-브드 헬승

② Туяад хоёр ном өгсөн. — 토야에게 책 2권을 주었다.
토야드 허여르 넘 욱승

③ Гэрт хоёр хүн байна. — 집에 두 사람이 있다.
게르트 허여르 훙 밴

④ Хурал 2 цагт эхэлнэ. — 회의는 2시에 시작한다.
호랄 허여르 착트 에헬렌

⑤ Би 3 сард Монгол явна. — 나는 3월에 몽골에 간다.
비 고르왕 사르드 멍걸 야운

◆ 인칭대명사의 여격

	인칭	대명사	여·처격	의미
단수	1인칭	Би	Надад	나에게
	2인칭	Чи	Чамд	너에게
		Та	Танд	당신에게
	3인칭	Энэ	Үүнд, энэнд	이 사람에게
		Тэр	Түүнд, тэрэнд	그/저 사람에게
복수	1인칭	Бид/нар/	Бид нарт	우리들에게
	2인칭	Та нар	Та нарт	너희들의/당신들에게
	3인칭	Эд	Эд нарт	이들에게
		Тэд/нар/	Тэд нарт	그들에게/저들에게

알아두기

◆ 존재의 표현 байна/있다/과 бий/있다/

байна은 말하는 사람이 어떤 사물의 존재를 보거나 확인한 경우 또는 어떤 사물이 일시적으로 존재하는 경우에 사용한다. бий는 말하는 사람이 어떤 사물의 존재를 이전부터 알고 있거나 또는 어떤 사물이 항상 존재하는 경우에 사용한다. 하지만 혼용되는 경우가 많다.

◆ 부재의 표현 алга/없다/와 байхгүй/없다/

алга는 말하는 사람이 어떤 사물의 부재를 확인한 경우 또는 어떤 사물이 일시적으로 부재하는 경우에 사용한다. байхгүй는 말하는 사람이 어떤 사물의 부재를 이전부터 알고 있거나 또는 어떤 사물이 본래부터 부재하는 경우에 사용한다. 하지만 이것 역시 혼용되는 경우가 많다.

◆ 국가, 사람

Солонгос 설렁거쓰	Солонгос улс	한국
	Солонгос хүн	한국인
	Солонгос хэл	한국어
Монгол 멍걸	Монгол улс	몽골
	Монгол хүн	몽골인
	Монгол хэл	몽골어
Америк 아메리크	Америк улс	미국
	Америк хүн	미국인
	Англи хэл	영어
Хятад 햐타드	Хятад улс	중국
	Хятад хүн	중국인
	Хятад хэл	중국어
Япон 야퐁	Япон улс	일본
	Япон хүн	일본인
	Япон хэл	일본어
Герман 게르망	Герман улс	독일
	Герман хүн	독일인
	Герман хэл	독일어
Орос 어러스	Орос улс	러시아
	Орос хүн	러시아인
	Орос хэл	러시아어
Африк 아프리크	Африк улс	아프리카
	Африк хүн	아프리카인
	Африк хэл	아프리카어

Итали 이탈리	Итали улс	이탈리아
	Итали хүн	이탈리아인
	Итали хэл	이탈리아어
Австрали 아우스트랄	Австрали улс	호주
	Австрали хүн	호주인
	Англи хэл	영어
Англи 앙길	Англи улс	영국
	Англи хүн	영국인
	Англи хэл	영어
Франц 프란쯔	Франц улс	프랑스
	Франц хүн	프랑스인
	Франц хэл	프랑스어

3 단계

문제 풀기

Ⅰ. 문장이 완성되도록 // 중에 알맞은 것을 고르시오.

1. Манай анги /д, т/ Япон хүн байхгүй.
2. Болороо хичээл /д, т/ хоцорсон.
3. Гурван цаг /д, т / хоол иднэ.
4. Дүү/д, т/ шүхэр байхгүй.
5. Эгч /д, т/ мөнгө их бий.

Ⅱ. 다음 보기와 같이 질문을 만드시오.

보기≫

<u>Чамд шүхэр байна уу?</u>
Тийм, Надад шүхэр байна.

1. ________________________________ ?

Таны утас тэнд байна.

2. ______________________________ ?

Надад мянган төгрөг байна.

3. ______________________________ ?

Надад толь бичиг бий.

4. ______________________________ ?

Тэнд хоёр шинэ толь бичиг бий.

5. ______________________________ ?

Сандал алга, ширээ байна.

Ⅲ. 다음 보기와 같이 질문에 답하시오.

보기≫

A : *Та Монгол хүн үү?*
B : Үгүй, Солонгос хүн. /Солонгос/

1. Солонгост Англи хүн их бий юү?

______________________________ . /Үгүй/

2. Танай сургуульд Япон багш их бий юү?

______________________________ . /3 багш/

3. Та англи хэл мэдэх үү?

______________________________ . /мэдэхгүй/

4. Таны аав Орос хүн үү?

______________________________ . /Үгүй, ээж/

Ⅳ. 다음의 몽골어를 우리말로 옮기시오.

1. Тийм, би Солонгос хүн.

→

2. Энд хэдэн хүн байна вэ?

→

3. Тэнд таван сандал байна.

→

4. Үгүй, надад ном байхгүй.
→

5. Танд түлхүүр байна уу?
→

Ⅴ. 다음의 우리말을 몽골어로 옮기시오.

1. 집에 네 사람이 있습니다.
→

2. 교실에 책상 2개가 있습니다.
→

3. 당신은 중국인입니까?
→

4. 당신에게 모자가 있습니까?
→

5. 선생님은 저에게 책 2권을 주셨습니다.
→

단어 익히기

- байна 있다
- бий 있다
- алга 없다
- байхгүй 없다
- сар 달, 월
- хурал 회의
- сургууль 학교
- үйл 행동
- дунд 가운데
- сэдэв 주제
- гар 손
- хичээл 수업
- хоцрох 늦다, 지각하다
- хоол 밥, 음식
- идэх 먹다
- шүхэр 우산
- мөнгө 돈
- төгрөг 투그릭 (몽골화폐단위)
- толь бичиг 사전
- өгөх 주다
- хэлэх 말하다
- эхлэх 시작하다
- явах 가다

Хичээл 4

Чамайг хэн гэдэг вэ?

A : Чамайг хэн гэдэг вэ?
차매끄 헹 게떼끄 웨

Б : Намайг Дэлгэр гэдэг.
나매끄 델게르 게덱

Таныг хэн гэдэг вэ?
타니끄 헹 게떼끄 웨

A : Намайг Баатар гэдэг.
나매끄 바-타르 게덱

A : Та энэ дэвтэрийг авах уу?
타 엔 뎁테리-끄 아와호-

Б : Үгүй, би тэр дэвтэрийг авъя.
우귀, 비 테르 뎁테리-끄 아위

A : Хэдийг авах вэ?
히디-끄 아와흐 웨

Б : Хоёрыг өгөөч.
허여리끄 우거-치

A : 너의 이름은 무엇이니?
(너를 누구라고 하니?)
B : 저는 델게르라고 합니다.
당신의 이름은 무엇입니까?
A : 나는 바타르라고 한다.

A : 당신은 이 노트를 사실 겁니까?
B : 아니오, 저는 저 노트를 살께요.
A : 몇 권을 사실 거예요?
B : 두 권을 주세요.

문법 따라잡기

◆ 대격(-ыг/-ийг/-г)

몽골어의 대격어미 -ыг/-ийг/-г는 한국어의 '–을/를' 어미와 대응된다. 대격어미를 아래와 같이 구별하여 단어에 연결한다.

(1) -ыг
단어의 끝이 단모음 또는 자음으로 끝나는 남성모음어에 연결한다.

ах – ахыг	형을	цаас – цаасыг	종이를
нар – нарыг	해를	гар – гарыг	손을

(2) -ийг
단어의 끝이 단모음 또는 자음으로 끝나는 여성모음 및 'ж, ч, ш, ь, г, и, к'로 끝나는 단어에 연결한다.

үзэг – үзгийг	만년필을	дэвтэр – дэвтрийг	공책을
багш – багшийг	선생님을	хүн – хүнийг	사람을
анги – ангийг	교실을	Дорж – Доржийг	더르찌를
сургууль – сургуулийг	학교를		

(3) -г
단어의 끝이 н으로 끝나거나 장모음, 이중모음으로 끝나는 단어 뒤에 연결한다.

тоо – тоог	숫자를
номын сан – номын санг	도서관을
байшин – байшинг	건물을

※ 몽골어 대격어미를 취한 단어는 직접목적어를 나타낸다. 직접목적어가 명확하고 특정한 대상을 가리킬 경우(선행어가 고유명사, 지시대명사 등인 경우) 대격어미를 연결하고 불특정 대상을 가리킬 경우에는 대격어미를 연결하지 않고 사용한다.

Доржийг дуудаарай. 더르찌를 부르세요.
더르찌-끄 도-따-래

Бат энэ номыг уншсан. 바트는 이 책을 읽었다.
바트 엔 너미끄 온쉬상

Бат ном уншсан. 바트는 책을 읽었다.
바트 넘 온쉬상

◆ 인칭대명사의 대격

	인칭	대명사	대격	의미
단수	1인칭	Би	намайг	나를
	2인칭	Чи	чамайг	너를
		Та	таныг	당신을
	3인칭	Энэ	үүнийг	이이를/이것을
		Тэр	түүнийг	그이를/그것을
복수	1인칭	Бид/нар/	бид нарыг	우리들을
	2인칭	Та нар	та нарыг	당신들을
	3인칭	Эд	эднийг	이들을/이것들을
		Тэд/нар/	тэд нарыг	그들을/그것들을

2단계

알아두기

◆ авъя(살께요)

화자 자신이 상대방에게 자신이 하고자 하는 '의도'를 나타내거나 동의를 구하는 '제안'을 할 경우 사용하는 문장종결형. –я(-е, -ё) 어미는 '의도'의 경우 한국어 '–ㄹ께, –ㄹ께요' 형과 대응시킬 수 있고 '제안'의 경우에는 '–자, –ㅂ시다' 형과 대응시킬 수 있다.

За, бүгдээрээ суух. 자, 모두 앉읍시다.
자, 북데-레- 소이

Ангид орж хичээл хийе. 교실에 들어가서 공부할께요.
앙기드 어르찌 히체-엘 히-

◆ өгөөч(주세요)

화자가 청자에게 다소 부드러운 '요구'를 나타낼 때 사용하는 문장종결형이다.

Гэрээ цэвэрлээч. 집 청소 좀 해라.
게레- 체웨르레-치

Номоо уншаач. 책 좀 읽어라.
너머- 온샤-치

◆ хайртай(사랑하다), дуртай(좋아하다)

몽골어에서 хайртай(사랑하다), дуртай(좋아하다), туслах(돕다) 등의 단어를 사용할 경우 선행명사에 여 · 처격어미 –д/–т를 연결하여 사용한다. 이 때 몽골어 –д/–т는 한국어 대격조사 '–을/–를'에 대응한다.

Би чамд хайртай. 나는 너를 사랑한다.
비 참드 해르태

Би зайрмагт дуртай. 나는 아이스크림을 좋아한다.
비 재르막트 도르태

Би ээжид тусална. 나는 어머니를 도와드린다.
비 에-찌드 토슬른

문제 풀기

I. 다음 단어에 –ыг, –ийг, –г 중에 알맞은 것을 연결하시오.

보기≫ гэр : *гэрийг*

ном______________ түлхүүр______________
толгой______________ хэл______________
далбаа______________ Америк______________
хана______________ Солонгос______________
өрөө______________ шүхэр______________
хятад______________ цаг______________

Ⅱ. 다음 보기와 같이 //의 단어를 알맞은 형태로 바꾸어 문장을 완성하시오.

보기≫ Чи *ахыг* харсан уу? /ах/

1. Та __________ хараарай. /эмч/
2. __________ хэн гэдэг вэ? /чи/
3. Чи __________ таних уу? /Бат/
4. Аав __________ дуудаж байна. /ээж/
5. Багш __________ номын санд дуудаж байна. /Чоль Сү/
6. Чи миний __________ таних уу? /найз/

Ⅲ. 보기와 같이 //의 단어를 알맞은 형태로 바꾸어 문장을 완성하시오.

보기≫ /Чи/ *Чамайг* хэн гэдэг вэ?

1. /Энэ/__________ монголоор юу гэдэг вэ?
2. /Би/__________ уучлаарай.
3. Чи /тэр/__________ сайн мэдэх үү?
4. Та нар /тэд нар/__________ хүлээ.
5. Энэ /үг/__________ монголоор юу гэдэг вэ?

Ⅳ. 다음의 몽골어를 우리말로 옮기시오.

1. Хэдийг авах вэ?
→
2. Та энэ номыг авах уу?
→
3. Үгүй, би тэр үзгийг авъя
→
4. Би зайрмагт дуртай.
→

5. Бат ном уншсан.

→

V. 다음의 우리말을 몽골어로 옮기시오.

1. 나는 바트라고 합니다.

→

2. 당신은 이 옷을 사시겠습니까?

→

3. 아니오, 저 연필을 주세요.

→

4. 나는 당신을 사랑합니다.

→

5. 집에 들어가서 공부할께요.

→

단어 익히기

- авах 받다, 사다
- нар 해
- таних 서로 알다
- хүлээх 기다리다
- тоо 숫자
- унших 읽다
- дуудах 부르다
- орох 들어가다
- цэвэрлэх 청소하다
- уучлаарай 미안하다
- мэдэх 알다
- үг 단어
- зайрмаг 아이스크림

Хичээл

5

Чи юу хийж байна вэ?

А :Чи юу хийж байна вэ?
치 요- 히-찌 밴 웨

Б : Би зурагт үзэж байна.
비 조라고트 우제찌 밴

А : Ямар нэвтрүүлэг үзэж байна вэ?
야마르 넵트루-레그 우제찌 밴 웨

Б : Би спортын нэвтрүүлэг үзэж байна.
비 스포르팅 넵트루-레그 우제찌 밴

Чи бас зурагт үзэж байна уу?
치 바쓰 조라고트 우제찌 배노- 테르

А : Үгүй, би зурагт үзээгүй байна.
우귀, 비 조라고트 우제-귀 밴

Би түүхийн ном уншиж байна.
비 투-히-잉 넘 온쉬찌 밴

A : 너는 무엇을 하고 있니?
B : 나는 텔레비전를 보고 있어.
A : 어떤 프로그램을 보고 있어?
B : 나는 스포츠 프로그램을 보고 있어.
너도 텔레비전을 보고 있니?
A : 아니, 나는 텔레비전를 안 보고 있어.
나는 역사책을 읽고 있어.

문법 따라잡기

◆ 동사 현재진행형

현재진행형은 '동사어간+−ж/−ч байна' 이고 그 부정형은 '동사어간+−аагүй(-оогүй, -өөгүй, -ээгүй)байна' 과 '동사어간+−хгүй байна' 이 있다. 의문형은 의문첨사 уу를 연결한 '-ж/-ч байна уу?', '-аагүй[4] байна уу?', '-хгүй байна уу?' 이다.

(1) -ж/-ч байна(~고 있다)
동사어간이 -в, -г, -р, -с 이외의 자음이나 모음으로 끝날 경우 -ж байна을 연결한다.

хийж байна	하고 있다	уншиж байна	읽고 있다
ирж байна	오고 있다	идэж байна	먹고 있다

동사어간이 -в, -г, -р, -с의 자음으로 끝날 경우 -ч байна을 연결한다.

дуусч байна	끝나고 있다	гарч байна	나가고 있다
авч байна	받고 있다	өгч байна	주고 있다

(2) -аагүй[4]/−хгүй байна(~지 않고 있다)
'-аагүй[4] байна' 은 모음 조화 법칙에 따라 동사어간에 연결되며, 아직 행위를 이행할 시간이 되지 않은 경우 '아직 ~지 않고 있다' 는 의미로 사용된다.

яваагүй байна	아직 가지 않고 있다
болоогүй байна	아직 되지 않고 있다
ирээгүй байна	아직 오지 않고 있다
өгөөгүй байна	아직 주지 않고 있다

'-хгүй байна' 은 어떤 행위를 이행해야 하지만 하지 않는 경우에 사용된다.

явахгүй байна	안 가고 있다
болохгүй байна	안 되고 있다

ирэхгүй байна	안 오고 있다
өгөхгүй байна	안 주고 있다

알아두기

◆ Ямар(무슨, 어떤)

사물의 성질, 특성, 종류 등을 물을 때 사용된다.

Ямар гутал? 어떤/무슨 신발? Том гутал. 큰 신발
야마르 고탈 텀 고탈

◆ бас(또한, 또, 도)

문장 중에 특정 단어 뒤에 쓰여 '역시, 도'에 해당하는 의미를 나타내며 문장을 나열하는 경우의 접속사로써의 기능도 한다.

Эгч бас унтаж байна 언니도 자고 있다
에끄치 바쓰 온타찌 밴

Дэвтэр бас ном 공책과 책
데웨테르 바쓰 넘

◆ 가족호칭

할아버지	Өвөө	할머니	Эмээ
아버지	Аав	어머니	Ээж
부모님	Эцэг эх	고모부	Авга хүргэн
고모	Авга эгч	이모부	Нагац хүргэн ах
이모	Нагац эгч	형, 오빠	Ах
삼촌	Авга ах	외삼촌	Нагац ах
언니, 누나	Эгч	남동생	Эрэгтэй дүү
여동생	Эмэгтэй дүү, охин дүү	가족	Гэр бүл
형제, 자매	Ах дүү	며느리	Бэр
사위	Хүргэн	친척	Хамаатан

문제 풀기

Ⅰ. 다음 보기와 같이 –ж, ч байна을 연결하시오.

보기≫ Захиа бичих - /*Захиа бичиж байна*/

1. Хичээл хийх – ____________________
2. Хоол идэх – ____________________
3. Зураг зурах – ____________________
4. Ном унших – ____________________
5. Нүүрээ будах – ____________________

Ⅱ. 다음 보기와 같이 –аагүй^{4} байна를 연결하시오.

보기≫ Захиа бичих - /*Захиа бичээгүй байна.*/

1. Хөгжим сонсох – ____________________
2. Аяга таваг угаах – ____________________
3. Зураг авах – ____________________
4. Эм уух – ____________________
5. Кино үзэх – ____________________

Ⅲ. 다음 보기와 같이 –хгүй байна를 연결하시오

보기≫ Бат захиа бичиж байна уу?
Үгүй. /*Захиа бичихгүй байна.*/

1. Тэр унтаж байна уу?

____

2. Болд хичээлээ хийж байна уу?

____

3. Дорж хоолоо идэж байна уу?

____

4. Дүү аяга таваг угааж байна уу?

____

Ⅳ. 다음의 몽골어를 우리말로 옮기시오.

1. Чи юу хийж байна вэ?
→

2. Ямар ном уншиж байна вэ?
→

3. Би спортын нэвтрүүлэг үзэж байна.
→

4. Бат захиа бичиж байна уу?
→

5. Би сургууль руугаа яваагүй байна.
→

Ⅴ. 다음의 우리말을 몽골어로 옮기시오.

1. 누나는 TV를 보고 있다.
→

2. 나는 TV를 보지 않고 있다.
→

3. 할아버지께서는 주무시고 계시다.
→

4. 나는 공부를 하고 있다.
→

5. 더르찌는 영화를 보고 있다.
→

단어 익히기

- хийх 하다
- ирэх 오다
- дуусах 끝나다
- гарах 나가다
- захиа 편지
- болох 되다
- гутал 신발
- унтах 자다
- бичих 쓰다
- зурах 그리다
- будах 칠하다
- Нүүрээ будах 화장하다
- сонсох 듣다
- угаах 씻다
- түүх 역사
- уух 마시다
- үзэх 보다
- нэвтрүүлэг 프로그램
- спорт 스포츠
- зурагт 텔레비전
- аяга таваг угаах 설거지하다
- кино 영화

Хичээл 6

Чи өчигдөр юу хийсэн бэ?

A : Чи өчигдөр юу хийсэн бэ?
치 어칙드르 요- 히-승 베

Б : Би өчигдөр кино үзсэн.
비 어칙드르 키노 우쯔승

Дараа нь теннис тоглосон.
다라안 테니스 터골성

Харин чи?
하린 치

A : Би өчигдөр Туяатай
비 어칙드르 토야태

уулзсан.
오-올쯔상

Б : Аан. Та хоёр хамт
아-앙 타 허여르 함트

сургууль явсан уу?
소르고-올 얍스 노-

A : Үгүй, бид хоёр сургууль
우귀 빗드 허여르 소르고-올

яваагүй. Манай гэрт
야와-꾸 마내 게르트

байсан
배상

A : 너는 어제 무엇을 했니?
B : 나는 어제 영화를 보았다. 그 다음에 테니스를 쳤다. 그런데 너는?
A : 나는 어제 토야와 만났다.
B : 아~그래. 둘이 같이 학교 갔었니?
A : 아니, 우리는 학교에 가지 않았다. 우리 집에 있었다.

문법 따라잡기

◆ 동사 과거시제

몽골어 동사과거형은 동사어간에 -сан(-сэн, -сон, -сөн)을 연결하고 부정형은 동사어간에 -аагүй(-оогүй, -өөгүй, -ээгүй)를 연결한다.

(1) -сан⁴(~었다)
이 어미는 모음 조화 법칙에 따라 동사어간에 연결된다.

явсан	갔다	орсон	들어갔다
ирсэн	왔다	өгсөн	주었다

Ах хөдөө явсан. 형은 시골에 갔다.
아흐 후더- 얍승

Дүү дунд сургуульд орсон. 동생이 중학교에 들어갔다.
두- 돈드 소르고-올드 어르승

Ките өчигдөр Солонгосоос ирсэн 기태가 어제 한국에서 왔다.
기태 어칙드르 설렁거써-스 이르승

Би захиралд газрын зураг өгсөн. 나는 사장님께 지도를 드렸다.
비 자히랄드 가쯔링 조락 욱승

(2) -аагүй⁴(~하지 않았다)

яваагүй	가지 않았다	ороогүй	들어가지 않았다
ирээгүй	오지 않았다	өгөөгүй	주지 않았다

Монголд ирээгүй. 몽골에 오지 않았다
멍걸드 이레-꾸

Мөнгө өгөөгүй. 돈을 주지 않았다
뭉그 우거-꾸

◆ 공동격

몽골어 공동격어미 тай(-той, -тэй)는 한국어의 '~와/과'의 의미를 나타내고 모음 조화 법칙에 따라 명사에 연결한다. 또한 -тай[3] 어미는 '~이 들어 있는, ~을 가진' 의미를 나타내기도 한다.

аавтай	아버지와	дүүтэй	동생과
ногоотой	야채가 들어 있는		

Би аавтай хамт ирсэн. 나는 아버지와 함께 왔다.
비 아-우태 함트 이르승

Ээж дүүтэй гэрт байгаа. 어머니께서는 동생과 함께 집에 계시다.
에-찌 두-테 게르트 배가-

Ногоотой шөл идсэн. 야채스프를 먹었다.
너거-테 숄 이드승

2 단계

알아두기

◆ Дараа нь(그 다음에)

어떤 행동을 한 후에 그 행동의 다음 행동을 연결하는 순서 접속사이다.

Би ном уншсан. Дараа нь хоолоо идсэн
비 넘 온쉬상 다라-안 허-얼러- 이드승
나는 책을 읽었다. 그 다음에 밥을 먹었다.

◆ Харин(그런데)

두 문장을 연결하는 접속사 역할을 한다. 분위기를 전환할 때 많이 사용되며 상대방의 말에 긍정하는 표현으로도 사용된다.

Би ном авсан. Харин эгч цүнх авсан.
비 넘 압상 하링 에끄치 충흐 압상
나는 책을 샀다. 그런데 언니는 가방을 샀다.

◆ 시간의 표현

날	그제께	어제	오늘	내일	모레
	уржигдар	өчигдөр	өнөөдөр	маргааш	нөгөөдөр
년	재작년	작년	올해, 금년	내년	내후년
	уржнан жил	ноднин жил, өнгөрсөн жил	энэ жил	ирэх жил, дараа жил	ирэх жилийн дараах жил
주		지난 주	이번 주	다음 주	
		өнгөрсөн долоо хоног	энэ долоо хоног	ирэх/дараа долоо хоног	
달		지난 달	이번 달	다음 달	
		өнгөрсөн сар	энэ сар	дараа сар	
	아침	낮	저녁	밤	새벽
	өглөө	өдөр	орой	шөнө	үүр

3단계

문제 풀기

Ⅰ. 다음 보기와 같이 바꾸시오.

보기≫ Захиа бичиж байна. → Захиа бичсэн.

1. Кино үзэж байна. →
2. Найзтайгаа уулзаж байна. →
3. Гэрлүүгээ явж байна. →
4. Хоол идэж байна. →
5. Ээж унтаж байна. →
6. Дүү уйлж байна. →

Ⅱ. 다음 보기와 같이 표를 완성하시오.

	동사	-ж байна	-сан⁴
보기	Хэлэх	хэлж байна	хэлсэн
	Хийх		
	Авах		
	Өгөх		
	Байх		
	Эхлэх		
	Явах		
	Гарах		
	Гүйх		
	Унтах		
	Харах		
	Суух		
	Бичих		
	Сурах		

Ⅲ. 다음 보기와 같이 //의 동사를 적당한 형태로 바꾸어 문장을 완성하시오.

보기≫ Чи эгч <u>*тэй*</u> хамт дэлгүүр /явах/ <u>*явсан уу*</u>?
Үгүй, <u>*Ээжтэй хамт явсан.*</u> /ээж/

1. Чи өчигдөр аав_____ хамт хөдөө /явах/ __________ уу?
   Үгүй, ____ . /найз/
2. Би уржигдар Туяа_____ хамт өдрийн хоол /идэх/ __________ .
3. Ээж өглөө ганцаараа /гарах/__________ ?
   Үгүй, ____ . /эгч/
4. Чи өнөөдөр ганцаараа хоол /хийх/__________ үү?
   Үгүй, ____ . /Ээж/
5. Чи өчигдөр хэнд бэлэг /өгөх/__________ бэ?
   Аан, Би өнөөдөр өглөө Туяа_____ бэлэг /өгөх/ __________ .

Ⅳ. 다음의 몽골어를 우리말로 옮기시오.

1. Чи өчигдөр юу хийсэн бэ?
   →
2. Би өчигдөр кино үзсэн.
   →
3. Дараа нь хоолоо идсэн.
   →
4. Би өчигдөр Туяатай уулзсан.
   →
5. Бид хоёр сургууль яваагүй.
   →

Ⅴ. 다음의 우리말을 몽골어로 옮기시오.

1. 나는 어제 바트와 영화를 보았다.
   →
2. 나는 어제 친구를 만났다.
   →

3. 나는 야채 스프를 좋아한다.

→

4. 나는 어제 한국에서 왔다.

→

5. 동생에게 책을 주지 않았다.

→

4단계

단어 익히기

- газрын зураг 지도
- хамт 같이
- уулзах 만나다
- уйлах 울다
- гүйх 뛰다
- суух 앉다
- ганцаараа 혼자
- бэлэг 선물
- тоглох 놀다
- теннис 테니스
- шөл 스프, 국(탕)
- дунд сургууль 중학교
- аан 아-그래, 그랬어
- сурах 공부하다, 배우다
- дэлгүүр 가게
- өдрийн хоол 점심

Хичээл 7

Ирэх Бямба гаригт юу хийх вэ?

А : Байна уу? Туяа байна уу?
배노- 토야 배노-

Б : Түр хүлээгээрэй. Туяа утсаар ярья гэж байна.
투르 훌레-게-레 토야 오차-르 야리 게찌 밴

А : Байна уу? Туяа байна. Хэн бэ?
배노- 토야 밴 헹 베

Б : Байна, Хэён байна.
밴 혜연 밴

А : Өө Хэён. Сонин юутай?
어- 혜연 서닝 요-태

Б : Сонин юмгүй дээ. Ирэх Бямба гаригт юу хийх вэ?
서닝 윰귀 데- 이레흐 뱜바 가리끄트 요- 히-흐 웨

А : Би ээжтэй хамт зах явна. Чи юу хийх вэ?
비 에-찌테 함트 자흐 야운 치 요- 히-흐 웨

Б : Би Бямба гаригт цанын бааз явна. Хамт явах уу?
비 뱜바 가리끄트 차닝- 바즈 야운 함트 야우흐

А : Тийм үү? Ямар гоё юм бэ. Би завтай бол хамт явна.
티-무- 야마르 거이 윰 베 비 잡태 볼 함트 야운

Б : За, тэгвэл баяртай.
자 테그웰 바야르테

А : Баяртай. Би утсаар ярина аа.
바야르테 비 오차-르 야리나-

A : 여보세요? 토야 있습니까?
B : 잠깐 기다리세요. 토야 전화 받아요.
A : 여보세요? 토야입니다. 누구십니까?
B : 여보세요. 혜연이야.
A : 아, 혜연아. 별 일 없니?
B : 별 일 없어. 오는 토요일에 뭐 할 거야?
A : 나는 어머니와 함께 시장에 갈 거야. 너는 뭐 할 거니?
B : 나는 토요일에 스키장에 간다. 같이 갈래?
A : 그래? 좋겠다. 시간 되면 같이 갈께.
B : 그럼. 안녕
A : 안녕. 내가 전화할께.

문법 따라잡기

◆ 동사 미래시제

(1) 평서형

동사어간에 미래를 나타내는 동사 종결어미 -на(-но, -нө, -нэ)을 연결하여 미래 시제를 나타낸다.

явна	간다/가겠다	орно	들어간다/들어가겠다

Би сургуульд орно. — 나 학교 들어간다/입학한다
비 소르고-올드 어른

(2) 의문형

미래시제의 의문형은 동사어간에 –х уу/үү? 어미를 연결하여 나타낸다.

явах уу? — 갈 겁니까?/ 갈 것입니까?
ирэх үү? — 올 겁니까? / 올 것입니까?

Чи маргааш ирэх үү? — 너 내일 오니?
치 마르가-쉬 이르후-

※ хэн, юу, хэзээ, ямар 등의 의문사가 들어간 문장의 경우에는 -х вэ?를 연결하여 의문문을 만든다.

Та хэзээ ирэх вэ? — 당신은 언제 오십니까?
타 헤제- 이레흐 웨

Юу өгөх вэ? — 무엇을 줄까요?
요- 우거흐 웨

(3) 부정형

미래시제의 부정형은 동사어간에 –хгүй 어미를 연결하여 나타낸다.

явахгүй — 가지 않겠다/가지 않을 겁니다
өгөхгүй — 주지 않겠다/주지 않을 겁니다
Би хоол идэхгүй — 나는 밥 안 먹어요
비 허-얼 이데흐꾸

알아두기

◆ Байна уу?(여보세요?)

Байна уу? — 전화에서 상대방을 부를 때 사용하는 표현.

◆ ~бол(~면)

가정의 표현을 나타낸다.

Дуртай бол авч болно. — 좋아한다면 가져도 된다
도르태 벌 압치 벌른

◆ 유용한 인사말 표현

Баярлалаа. — 감사합니다.
바야르라-

зүгээр зүгээр. — 괜찮습니다/천만의 말씀.
주게-르 주게-르

уучлаарай. — 미안합니다/죄송합니다.
오-치라-래

Төрсөн өдрийн мэнд хүргэе. — 생일 축하합니다.
투르승 우드링 멘드 후르기

Баяр хүргэе. — 축하합니다
바야르 후르기

Аз жаргалыг хүсье. — 행복을 빕니다/기원합니다.
아즈 자르갈리끄 후쓰이

Эрүүл мэндийг хүсье. — 건강을 빕니다/기원합니다.
에룰- 멘디-끄 후쓰이

Амжилт хүсье. — 성공을 빕니다/기원합니다.
암질트 후쓰이

문제 풀기

Ⅰ. 다음 보기와 같이 표를 완성하시오.

		~на?	~х уу?	~х гүй
보기	Хэлэх	хэлнэ	хэлэх үү?	хэлэхгүй
	Хийх			
	Авах			
	Өгөх			
	Эхлэх			
	Явах			
	Гарах			
	Гүйх			
	Унтах			
	Харах			
	Суух			
	Бичих			

Ⅱ. 다음의 몽골어를 우리말로 옮기시오.

1. Чи маргааш юу хийх вэ?
   →
2. Чи хэнтэй дэлгүүр явах вэ?
   →
3. Эрүүл мэндийг хүсье.
   →
4. Чи Монголд хэзээ ирэх вэ?
   →
5. Чи маргааш номын санд суух уу?
   →

Ⅲ. 다음의 우리말을 몽골어로 옮기시오.

1. 나는 내일 어머니와 함께 미국에 간다.
   →
2. 바트는 모레 친구와 일본에 간다.
   →
3. 생일 축하합니다.
   →
4. 나는 일요일에 스키장에 간다.
   →
5. 언니는 내일 시골에 간다.
   →

4단계

단어 익히기

• дуртай	좋아하다	• гоё	예쁘다
• харах	보다	• завтай	시간있다, 한가하다
• түр хүлээх	잠깐 기다리다	• цанын бааз	스키장
• гариг	요일	• эрүүл мэнд	건강
• зах	시장		

Хичээл 8

Чи хэдэн цагт босдог вэ?

А : Чи амралтын өдөр хэдэн
치 아므랄팅 우드르 헤등

цагт босдог вэ?
착트 보스덕 웨

Б : Би ихэвчлэн 9 цагт босдог.
비 이헙칠릉 유슨 착트 보스덕

А : Чи хэдэн цагт босдог вэ?
치 헤등 착트 보스덕 웨?

Бас юу хийдэг вэ?
바쓰 요- 히-덱 웨

Б : Би 9 өнгөрөөгөөд босдог.
비 유스 웅그러-거-드 보스덕

Тэгээд гэртээ ном уншдаг.
테게-드 게르테- 넘 온쉬닥

Заримдаа кино үздэг.
자림다- 키노 우즈덱

А : Энэ бүтэн сайн өдөр
엔 부텅 생 우드르

кино үзэх үү?
키노 우즈호-

Б : За, тэгье.
자, 테기

А : Чиний шалгалтын хариу
치니- 샬갈팅 하료

гарсан уу?
가르스노-

Б : Гарсан. Би хоёрдугаар
가르승 비 허여르도가-르

байранд орсон.
배릉드 어르승

А : Тийм үү? Баяр хүргэе.
티-무- 바야르 후르기

Туяа яасан бэ?
토야 야승 베

Б : Бид хоёр хоёулаа
비드 허여르 허욜라-

хоёрдугаар байранд орсон.
허여르도가-르 베릉드 어르승

A : 너는 휴일(주말)에 몇 시에 일어나니?
B : 나는 주로 9시에 일어나.
A : 너는 몇 시에 일어나니? 그리고 무엇을 하니?
B : 나는 9시 넘어서 일어나. 그리고 집에서 책을 읽어. 가끔은 영화를 봐.
A : 이번 일요일에 영화 볼까?
B : 좋아, 그러자.

A : 너의 시험 결과는 나왔니?
B : 나왔습니다. 저는 2등 했습니다.
A : 그래? 축하해. 토야는 어떻게 되었니?
B : 우리는 공동 2위입니다.

문법 따라잡기

◆ 동사 현재반복시제(–даг⁴)

동사어간에 -даг(-дэг, -дог, -дөг) 어미를 연결하여 습관적, 반복적인 동작과 형태를 나타내는 현재시제이다.

(1) 평서형

동사어간에 -даг(-дэг, -дог, -дөг) 어미를 연결하여 현재반복시제를 나타낸다.

Чи хаана амьдардаг вэ? 너는 어디서 사니?
치 하-안 엠드르닥 웨

Монголд зун бороо их ордог уу? 몽골은 여름에 비가 많이 옵니까?
멍걸드 종 버러- 이흐 어르덕오-

Багш сургуульд хэдэн цагт ирдэг вэ?
박시 소르고-올드 헤등 착트 이르덱 웨
선생님은 학교에 몇 시에 오십니까?

(2) 의문형

동사어간에 -даг⁴ уу?, -даг⁴ вэ? 어미를 연결하여 나타낸다.

Та сүмд явдаг уу? 당신은 교회에 다닙니까?
타 숨드 야브닥오-

Та хэзээ сүм явдаг вэ? 당신은 언제 교회에 갑니까?
타 헤제- 숨 야브닥 웨

(3) 부정형

동사어간에 –даггүй(-доггүй, -дөггүй, -дэггүй) 어미를 연결하여 나타낸다.

Би кино бараг үздэггүй. 나는 영화를 거의 보지 않는다.
비 키노 바락 우즈덱귀

Би архи уудаггүй. 나는 술을 먹지 않는다.
비 아리흐 오-닥귀

◆ 수사

기본수사(нэг, хоёр, гурав...)에 다음과 같은 어미들을 연결하여 다양한 수사를 만든다.

(1) -дугаар/ -дүгээр

기본수사에 -дугаар/-дүгээр를 연결하여 서수사(序數詞)를 만든다. 한국어의 '~째' 에 대응한다. 모음조화법칙에 따라 남성모음이 들어간 단어에 -дугаар을, 여성모음이 들어간 단어에 -дүгээр을 연결하여 사용한다.

Чи хэддүгээр анги вэ? 너는 몇 학년이니?
치 헨두게-르 앙기 웨

Би хоёрдугаар анги. 저는 2학년입니다.
비 허여르도가-르 앙기

(2) -дахь/ -дэх/ -дох

-дугаар/-дүгээр로 숫자의 순서를 나타내지만 -дахь, -дэх, -дох로 나타내기도 한다.

Чи айлын хэд дэх хүүхэд вэ? 너는 집에서 몇째니?
치 아일링 헨 데흐 후-훈 웨

Би гурав дахь хүүхэд. 저는 집에서 셋째입니다.
비 고롭 다흐 후-훈

(3) -уулаа/-үүлээ

기본수사에 -уулаа/-үүлээ를 연결하여 인수사(人數詞)를 만든다. 한국어의 '~이서 함께' 에 대응한다.

Чи гэртээ хэдүүлээ амьдардаг вэ?
치 게르테- 헤둘-레- 엠다르닥 웨

너는 (집에) 몇이서 함께 사니?/누구와 함께 사니?

Би гэртээ ээж аав дүүтэйгээ дөрвүүлээ амьдардаг.
비 게르테- 에-찌 아-브 두-테게- 두를-레- 엠다르닥

저는 어머니, 아버지, 동생과 함께 넷이서 삽니다.

Та нар хэдүүлээ явах вэ? 당신들은 몇이서 갑니까?
타 나르 헤둘-레- 야와흐 웨

Бид гурав гурвуулаа явна. 우리는 셋이서 갑니다.
비드 고롭 고롤-라- 야운

알아두기

◆ 날짜와 요일

(1) Одоо хэдэн сар вэ? 지금 몇 월입니까?
어더 헤등 사르 웨

Нэг сар. 1월입니다.
네그 사르

Долоон сар. 7월입니다.
덜러-엉 사르

(2) Өнөөдөр хэдний өдөр вэ? 오늘은 몇 일입니까?
우느-드르 헤뜨니- 우드르 웨

Өнөөдөр гурван сарын хоёрны өдөр.
우느-드르 고르왕 사링- 허여르니- 우드르

오늘은 3월 2일입니다.

Өнөөдөр арван хоёр сарын нэгний өдөр.
우느-드르 아르왕 허여르 사링 네끄니- 우드르

오늘은 12월 1일 일입니다.

(3) Өнөөдөр хэд дэх өдөр вэ?/Өнөөдөр ямар гариг вэ?
우느-드르 헨 떼흐 우드르 웨 우느-드르 야마르 가릭 웨

오늘은 무슨 요일입니까?

Даваа гариг/нэгдэх өдөр. 월요일입니다.
다와- 가릭 / 넥 데흐 우드르

Мягмар гариг/хоёрдох өдөр. 화요일입니다.
먀그마르 가릭 / 허여르더흐 우드르

Лхавга гариг/гуравдахь өдөр. 수요일입니다.
하욱 가릭 / 고릅 다흐 우드르

Пүрэв гариг/дөрөвдэх өдөр. 목요일입니다.
푸릅 가릭 / 두릅 데흐 우드르

Баасан гариг/тав дахь өдөр. 금요일입니다.
바-승 가릭 / 탑다흐 우드르

Бямба гариг/хагас сайн өдөр. 토요일입니다.
뱜바 가릭 / 하가쓰 생 우드르

Ням гариг/бүтэн сайн өдөр. 일요일입니다.
냠 가릭 / 부틍 생 우드르

◆ 요일

월요일	Даваа гариг	Нэгдэх өдөр
화요일	Магмар гариг	Хоёрдох өдөр
수요일	Лхагва гариг	Гуравдахь өдөр
목요일	Пүрэв гариг	Дөрөвдэх өдөр
금요일	Баасан гариг	Тавдахь өдөр
토요일	Бямба гариг	Хагас сайн өдөр
일요일	Ням гариг	Бүтэн сайн өдөр

3 단계

문제 풀기

Ⅰ. 다음 보기와 같이 문장을 완성하시오.

보기≫

Чи ном их уншдаг уу?/тийм/
Тийм, их уншдаг

1. Солонгост цас их ордог уу? /их/
→
2. Чи хоол их иддэг үү?/жоохон/
→
3. Танай гэрт хүн их ирдэг үү? /тийм/
→
4. Танай аав сонин их уншдаг уу? /тийм/
→
5. Чамд ах унааны мөнгө өгдөг үү? /үгүй/
→

Ⅱ. 다음 보기와 같이 질문에 답하시오.

보기≫

Даваа гаригийн орой юу хийдэг вэ?
→ *Даваа гаригт оройн хоол хийдэг.* /저녁식사를 만든다/

1. Лхагва гаригийн орой юу хийдэг вэ?

→ /집에서 친구와 공부한다/

2. Пүрэв гаригийн орой юу хийдэг вэ?

→ /동생과 논다/

3. Баасан гаригийн орой юу хийдэг вэ?

→ /공부한다/

4. Бямба гаригийн орой юу хийдэг вэ?

→ /친구를 만난다/

5. Ням гаригийн орой юу хийдэг вэ?

→ /TV를 본다/

Ⅲ. 다음의 몽골어를 우리말로 옮기시오.

1. Чи амралтын өдөр хэдэн цагт босдог вэ?

→

2. Оройн хоолоо хэдэн цагт иддэг вэ?

→

3. Энэ хагас сайн өдөр кино үзэх үү?

→

4. Чиний шалгалтын хариу гарсан уу?

→

5. Бид хоёр хоёулаа хоёрдугаар байранд орсон.

→

Ⅳ. 다음의 우리말을 몽골어로 옮기시오.

1. 너는 몇 시에 일어나니?

→

2. 저는 3학년입니다.

→

3. 오늘은 11월 2일입니다.

→

4. 몽골은 여름에 비가 많이 옵니까?

→

5. 저는 어머니, 아버지, 동생과 함께 넷이서 삽니다.

→

단어 익히기

• амьдрах	살다	• амрах	쉬다
• зун	여름	• амралтын өдөр	주말, 휴일
• бороо	비	• босох	일어나다
• сүм	교회	• ихэвчлэн	주로, 대개
• бараг	거의	• байр	등수, 자리
• архи	술	• кино театр	극장
• айл	가정	• заримдаа	가끔, 종종
• хүүхэд	아이	• өнгөрөх	지나다
• цас	눈	• шалгалт	시험
• их	많다	• хариу	답, 답장
• жоохон	조금	• шалгалтын хариу	시험 결과
• унаа	탈 것	• баяр хүргэе	축하하다

Хичээл

9 Та хаанаас ирсэн бэ?

A : Та хаанаас ирсэн бэ?
타 하-나-쓰 이르승 베

Б : Би Солонгосоос ирсэн.
비 설렁거써-스 이르승

A : Инчоноос онгоцонд суусан уу?
인처너-쓰 엉거촌드 소-스 노-

Б : Тийм, Инчоноос онгоцонд суусан.
티-임 인처너-쓰 엉거촌드 소-쌍

A : Бат чамаас өндөр үү?
바트 차마-쓰 운드루-

Б : Тийм Бат надаас өндөр. Харин Заяа надаас намхан.
티-임 바트 나따-쓰 운드르 하링 자야 나따-쓰 남항

A : 당신은 어느 나라에서 왔습니까?
B : 저는 한국에서 왔습니다.
A : 인천에서 비행기를 탔습니까?
B : 네, 인천에서 비행기를 탔습니다.

A : 바트는 너보다 키가 크니?
B : 네, 바트는 나보다 키가 큽니다. 하지만 자야는 나보다 키가 작습니다.

문법 따라잡기

◆ 탈격(-аас, -оос, -өөс, -ээс)

몽골어의 탈격어미 -аас[4]은 한국어의 '-에서/-에게서', '-로부터'에 대응한다. 탈격어미를 아래와 같이 구별하여 단어에 연결한다. Хаанаас?(어디에서?), Хэнээс?(누구에게서?), Юунаас?(무엇에서?)라는 질문의 답이 된다.

(1) 단어의 끝이 и 이외의 단모음으로 끝나는 단어와 연음부호 ь 이외의 자음으로 끝나는 단어에 연결한다.

ах – ахаас	형에게서	хот – хотоос	도시에서
гэр – гэрээс	집에서	үнэ – үнээс	가격에서

(2) 단어의 끝이 и나 ь로 끝나는 경우에는 그 и와 ь가 и로 바뀌고 -аас[4]의 모음 하나가 생략되어 결합한 형태인 -иас(-иос)가 된다.

анги – ангиас	교실에서
сургууль – сургуулиас	학교에서

(3) 단어가 장모음, 이중모음이나 н으로 끝나는 경우 앞에 -г를 삽입하여 -гаас[4] 형태로 연결한다.

дүү – дүүгээс	동생한테서
байшин – байшингаас	건물에서

(4) 숨은 н을 가진 단어에 숨은 н이 나타나며 그 뒤에 연결한다.

өрөө – өрөөнөөс	방에서
мод – модноос	나무에서

몽골어 탈격어미는 한국어의 탈격, 비교격 등의 다양한 의미를 나타낸다.

① 동작 행위가 일어난 장소 표시

Энэ өмдийг их дэлгүүрээс авсан.

엔 웁디-끄 이흐 델구-레-쓰 압승

이 바지를 백화점에서 샀다.

② 동작 행위가 일어난 시간과 기간 표시

Хурал таван цагаас эхэлнэ.

호랄 타왕 차가-쓰 에헬렌

회의는 다섯 시부터 시작한다.

③ 사물을 비교할 때

Онгоц галт тэрэгнээс хурдан.

엉거츠 갈트 테레끄네-쓰 호르당

비행기는 기차보다 빠르다.

◆ 인칭대명사의 탈격

	인칭	대명사	여·처격	의미
단수	1인칭	Би	Надаас	나에게서
	2인칭	Чи	Чамаас	너에게서
		Та	Танаас	당신에게서
	3인칭	Энэ	Энэнээс	이 사람에게서
		Тэр	Тэрнээс	그/저 사람에게서
복수	1인칭	Бид/нар/	Бид нараас	우리들에게서
	2인칭	Та нар	Та нараас	너희들에게서/당신들에게서
	3인칭	Эд	Эд нараас	이들에게서
		Тэд/нар/	Тэд нараас	그들한테서/저들에게서

알아두기

◆ 형용사 반대말

богино [버긴]	짧다	урт [오르트]	길다
дулаан [돌라-앙]	따뜻하다	хүйтэн [휘텡]	춥다
зузаан [조자-앙]	두껍다	нимгэн [님겡]	얇다
муу [모-]	나쁘다	сайн [생]	좋다
муухай [모-해]	나쁘다	сайхан [새항]	좋다/아름답다
намхан [남항]	작다/낮다	өндөр [운드르]	높다
нарийн [나리-잉]	좁다	өргөн [우르겅]	넓다
ойрхон [어-르헝]	가깝다	хол [헐]	멀다
туранхай [토랑해]	날씬하다	тарган [타르강]	뚱뚱하다
удаан [오다-앙]	느리다	хурдан [호르당]	빠르다
үнэтэй [운태]	비싸다	хямд [햠드]	싸다
шинэ [신]	새, 새롭다	хуучин [호-칭]	헌, 오래되다
хоосон [허-성]	비다	дүүрэн [두-렝]	차다
хэцүү [헤쭈-]	어렵다	амархан [아마르항]	쉽다
зөөлөн [저-울릉]	부드럽다	хатуу [하토-]	단단하다
цэвэрхэн [체웨르헹]	깨끗하다	бохир [버히르]	지저분하다
хүнд [훈드]	무겁다	хөнгөн [훙궁]	가볍다

◆ 시간 묻기

Одоо цаг хэд болж байна вэ? 지금 몇 시입니까?
어떠- 착 헤 벌찌 밴 웨

Одоо хоёр цаг болж байна. 지금 2시입니다.
어떠- 허여르 착 벌찌 밴

Одоо тав хагас болж байна. 지금 5시 반입니다.
어떠- 타우 하가쓰 벌찌 밴

Одоо арван хоёр цаг арван есөн минут болж байна.
어떠- 아르왕 허여르 착 아르왕 유승 미노트 벌찌 밴
지금 12시 19분입니다.

문제 풀기

Ⅰ. 다음 보기와 같이 문장을 완성하시오.

보기≫

Ах /би/ ______ намхан
→ Ах *надаас* намхан

1. Батаа /чи/ __________ хурдан гүйдэг.
2. Дүү /би/ __________ өндөр.
3. Цэцэгээ /тэр/ __________ илүү хөөрхөн.
4. Орос /Монгол/ __________ том уу?
5. Чи /юу/ __________ айдаг вэ?
6. Туяа /би/ __________ эгч.

Ⅱ. 다음 보기와 같이 질문에 답하시오.

보기≫

Хаанаас ирсэн бэ? /монгол/
→ *Монголоос ирсэн*

1. Чи хэнээс асуусан бэ?
→ /багш/
2. Энийг хэнээс авсан бэ?
→ /ах/
3. Өөр хүн ирэх үү?
→ /үгүй, бид нар/
4. Дэлгүүр хэдэн цагаас хаах вэ?
→ /8:00/
5. Хичээл хэдээс эхлэх вэ?
→ /9:00/

Ⅲ. 다음의 몽골어를 우리말로 옮기시오.

1. Та хаанаас ирсэн бэ?

→

2. Би Солонгосоос ирсэн.

→

3. Одоо долоо хагас болж байна.

→

4. Туяа чамаас туранхай юу?

→

5. Энэ гутлыг их дэлгүүрээс авсан

→

Ⅳ. 다음의 우리말을 몽골어로 옮기시오.

1. 지금 몇 시 입니까?

→

2. 오후 7시 56분입니다.

→

3. 지금 9시 반입니다.

→

4. 수업은 몇 시부터 시작합니까?

→

5. 이 책은 저 책보다 두껍다.

→

단어 익히기

• хот	도시	• минут	분
• үнэ	가격, 값	• намхан	낮다, 키가 작다
• мод	나무	• өндөр	높다, 키가 크다
• өмд	바지	• илүү	더
• их дэлгүүр	백화점	• хөөрхөн	예쁘다
• онгоц	비행기	• том	크다
• галт тэрэг	기차	• айх	무섭다
• хурдан	빠르다	• цэцэг	꽃
• одоо	지금	• асуух	묻다
• хагас	반	• хаах	닫다
• үдээс өмнө	오전	• үдээс хойш	오후

Хичээл 10

Та онгоцоор ирсэн үү?

A : Та онгоцоор ирсэн үү?
타 엉거처-르 이르스누-

Б : Тийм би онгоцоор ирсэн.
티-임 비 엉거처-르 이르승

Гэхдээ галт тэргээр явна.
게흐데- 갈트 테레게-르 야운

A : Чи үүнийг юугаар бичсэн бэ?
치 우-니-그 요-가-르 비치승 베

Б : Харандаагаар бичсэн.
하랜다-가-르 비치승

A : Дараа нь үзгээр бичээрэй.
다라-안 우즈게-르 비체-레

Б : За.
자

A : 당신은 비행기로 오셨습니까.
B : 네, 비행기로 왔습니다.
하지만 (갈 때는) 기차로 갈 겁니다.

A : 너는 이것을 무엇으로 썼니?
B : 연필로 썼습니다.
A : 다음에는 펜으로 써라.
B : 네.

문법 따라잡기

◆ 구격(도구격)

몽골어의 구격어미 -аар(-ээр, -оор, -өөр)는 한국어의 '-로/-으로'에 대응한다. 구격어미를 아래와 같이 구별하여 단어에 연결한다.

(1) 단어의 끝이 и 이외의 단모음으로 끝나는 단어와 연음부호 ь 이외의 자음으로 끝나는 단어에 연결한다.

үхрийн мах – үхрийн махаар	소고기로
гэр – гэрээр	집으로
мод – модоор	나무로

(2) 단어의 끝이 и나 ь로 끝나는 경우에는 그 и와 ь가 и로 바뀌고 -аар[4]의 모음 하나가 생략되어 결합한 형태인 -иар(-иор)가 된다.

тамхи – тамхиар	담배로
морь – мориор	말로

(3) 단어가 장모음, 이중모음이나 н으로 끝나는 경우 앞에 -г를 삽입하여 -гаар[4] 형태로 연결한다.

хөрөө – хөрөөгөөр	톱으로
юу – юугаар	무엇으로
байшин – байшингаар	건물로

몽골어 구격어미는 아래와 같은 다양한 의미를 나타낸다.

① 도구, 수단, 재료

Би автобусаар ирлээ. 나는 버스로 왔다.
비 아우터보싸-르 이를레-

② 행위가 이뤄지는 경로

Цонхоор харлаа. 창문으로 보았다.
청허-르 하를라-

③ 행위의 시간

Энэ жилийн сүүлээр хөдөө явна. 금년 말에 시골에 간다.
엔 질리-잉 수-울래-르 후더- 야운

④ 자격

Сургуульд багшаар ажиллах. 학교에서 교사로 일한다.
소르고-올드 박샤-르 아질라흐

⑤ 목적

Монгол хэл сурахаар ирлээ. 몽골어를 배우러 왔다.
멍걸 헬 소르하-르 이를레-

⑥ 사동태와 함께 쓰여 피사동자를 의미

Эгчээр дээл хийлгэв. 언니에게 옷을 만들게 했다.
에그체-르 데-엘 히-일게브

◆ 인칭대명사의 구격

	인칭	대명사	구격	의미
단수	1인칭	Би	надаар	나로 하여금
	2인칭	Чи	чамаар	너로 하여금
		Та	танаар	당신으로 하여금
	3인칭	Энэ	энүүгээр	이 사람으로 하여금
		Тэр	түүгээр	그 사람으로 하여금
복수	1인칭	Бид/нар/	Бид нараар	우리로 하여금
	2인칭	Та нар	та нараар	여러분으로 하여금
	3인칭	Эд	эд нараар	이들로 하여금
		Тэд/нар/	Тэд нараар	그들로 하여금

알아두기

◆ 운송수단 관련 단어와 표현

Автобусны буудал 아우터보스니 보-달	버스 정류장
Машины зогсоол 마시니 적서-얼	주차장
Галт тэрэгний буудал 갈트 테레그니- 보-달	기차역
Нийтийн тээвэр 니-티-잉 태-웨르	대중교통
Вокзал 와끄잘	기차역
Онгоц 엉거츠	비행기
Онгоцны буудал 엉거츠니 보-달	공항
Такси 탁씨	택시
Тээврийн товчоо 태-엡리-잉 텁처-	버스 터미널
Машин 마싱	자동차
Баруун дөрвөн зам 바로-옹 두르웡 잠	서쪽 사거리
Микро автобус 미크러 아우터보스	봉고 차/미니 버스
Зүүн дөрвөн зам 주-웅 두르웡 잠	동쪽 사거리
Троллейбус 트럴레보스	전기 버스
Дугуй 도고이	자전거
Мотоцикл 머터치클	오토바이

Би автобусанд сууна. Чи юунд суух вэ?
비 아우터보산드 소-온 치 요온드 소-흐 웨

나는 버스 탄다. 너는 무엇을 타니?

Би микро автобусанд сууна. 나는 봉고차를 타요.
비 미크러 아우터보산드 소-온

Чи хэдэн буудал явах вэ? 너는 몇 정거장 가니?
치 헤뎅 보-달 야와흐 웨

Гурван буудал яваад дөрвөн зам дээр бууна.
고르왕 보-달 야와-드 두르웡 잠 데-르 보-온

세 정거장 가서 사거리에서 내린다.

3단계

문제 풀기

Ⅰ. 다음 보기와 같이 질문에 답하시오.

보기≫

Чи энэ цэцгийг юугаар хийсэн бэ?
→ *Цаасаар хийсэн*

1. Чи энийг юугаар зурсан бэ?
→
2. Энэ ширээг юугаар хийсэн бэ?
→
3. Та энэ хоолыг юугаар хийсэн бэ?
→
4. Чи юугаар ирсэн бэ?
→
5. Ширээг юугаар арчсан бэ?
→

Ⅱ. 다음 보기와 같이 문장을 만드시오.

보기≫

метро/гэр/ирэх
→ *Метрогоор гэртээ ирдэг.*

1. Машин/гэр/ирэх →

2. Автобус/сургууль/явах →

3. Монгол/онгоц/ирэх →

4. Хөдөө/морь/явах →

5. Хятад/хүмүүс/ажил/дугуй/явах →

Ⅲ. 다음 보기와 같이 질문에 답하십시오.

보기≫

Хэнээр бичүүлсэн бэ?
→ *Багшаар бичүүлсэн.* /багш/

1. Энэ өмдийг хэнээр хийлгэсэн бэ?
→ /Эгч/
2. Өмнө нь юу хийдэг байсан бэ?
→ /худалдагч/
3. Улаанбаатараас Дархан хүртэл машинаар хэдэн цаг явах вэ?
→ /6 цаг/
4. Бээжин хүртэл галт тэргээр хэд хоног явах вэ?
→ /7 хоног/
5. Чи Монголд сурахаар ирсэн үү?
→ /үгүй, хүнтэй уулзах/

Ⅳ. 다음의 몽골어를 우리말로 옮기시오.

1. Та онгоцоор ирсэн үү?
→
2. Би микро автобусаар ирсэн.
→
3. Чи үүнийг юугаар бичсэн бэ?
→

4. Би дугуйгаар сургуульдаа явдаг.

→

5. Автобусны буудал хаана байдаг вэ?

→

V. 다음의 우리말을 몽골어로 옮기시오.

1. 나는 내년 말에 한국에 간다.

→

2. 나는 기차로 시골에 간다.

→

3. 너는 한국에 공부하러 가니?

→

4. 이 책상은 무엇으로 만들었습니까?

→

5. 다섯 정거장 가서 사거리에서 내린다.

→

4 단계

단어 익히기

• мах	고기	• ажиллах	일하다
• үхрийн мах	소고기	• дээл	몽골 전통 의상
• тамхи	담배	• бялуу	케익
• морь	말	• арчих	닦다
• хөрөө	톱	• өмнө	앞, 전
• цонх	창문	• худалдагч	점원
• жил	년, 해	• хүртэл	까지
• сүүл	말, 꼬리	• алчуур	수건, 걸레
• ажил	일		

Хичээл

11 Чи хаашаа явж байна вэ?

А : Чи хаашаа явж байна вэ?
치 하-샤- 야우찌 밴 웨

Б : Би сургууль руу явж байна.
비 소르고-올 로- 야우찌 밴

А : Хичээлээ дуусаад номын сан руу ирээрэй.
히첼-레- 도-싸-드 너민 상 로- 이레-레

Б : За.
자

А : Зах руу ямар автобус явдаг вэ?
자흐 로- 야마르 아우터보쓰 얍딱 웨

Б : Зах руу 13 номерийн автобус явдаг.
자흐 로- 아론고로 너매리-잉 아우터보쓰 얍딱

A : 너는 어디로 가고 있니?
B : 나는 학교로 가고 있어.
A : 수업 끝나고 도서관으로 와라.
B : 그래.

A : 시장으로 어떤 버스가 갑니까?
B : 시장으로 13번 버스가 갑니다.

문법 따라잡기

◆ 방향격

몽골어의 방향격어미 -руу(-рүү, -луу, -лүү)는 한국어의 방향격조사 '에게로' 또는 '로/으로'에 대응된다. 어미를 모음 조화 규칙대로 구별해서 쓰며 р 자음으로 끝나는 단어 뒤에는 -луу, -лүү 어미를 띄어 연결한다.

хот руу	도시로	гэр лүү	집으로
өрөө рүү	방으로	хөдөө рүү	시골로

몽골어 방향격은 아래와 같은 몇 가지 기본적인 의미를 나타낸다.

① 행위의 지향점(유정물 대상)

Нямдорж ахынх руу очив. 냠도르지는 형네로 갔다.
냠도르찌 아히흐 로- 어칩

Цоодол дарга луу хараад үг хэлэв. 처덜사장을 보고 말하였다.
처-덜 다락 으로- 하라-드 욱 헬릅

② 행위의 지향점(무정물 대상)

Залуучууд уул руу явсан. 청년들이 산으로 갔다.
잘로-초-드 오-올 로- 야브승

Туулай бут руу орсон. 토끼가 덤불로 들어갔다.
토-올래 보트 로- 어르성

③ 행위가 일어나는 공간

Сонинбаяр цэцэг рүү ус хийв.
서닝바야르 체첵 으루- 오스 히-브
서닝바야르는 꽃에 물을 주었다.

Эмч өвчтөний гар луу тарив.
엠치 웁치트니- 가를 로- 타리브
의사가 환자 팔에 주사를 놓았다.

◆ 인칭대명사의 방향격

	인칭	대명사	방향격	의미
단수	1인칭	Би	над руу	내게로
	2인칭	Чи	чам руу	너에게로
		Та	тан руу	당신에게로
	3인칭	Энэ	энэ рүү	이 사람에게로
		Тэр	тэр лүү	그/저 사람에게로
복수	1인칭	Бид/нар/	бид нар луу	우리들에게로
	2인칭	Та нар	та нар луу	당신들에게로
	3인칭	Эд	Эд нар луу	이들에게로
		Тэд/нар/	Тэд нар луу	그들에게로

알아두기

◆ 직업관련 단어와 표현

Манай ээж багш.
마내 에-찌 박쉬
우리 어머니는 선생입니다

Манай аав эмч.
마내 아-우 엠치
우리 아버지는 의사입니다

Доржийн ах дуучин.
더르찌-잉 아흐 도-칭
더르찌의 형은 가수입니다

Өвөө жолооч.
우워- 절러-치
할아버지는 운전기사입니다

Батаа ахын дүү барилгачин.
바타- 아힝 두- 바릴락칭
바타 형의 동생은 건축가입니다

Доржийн аав захирал.
더르찌-잉 아-우 자히랄
더르찌의 아버지는 사장입니다.

Би том болоод сэтгүүлч болно.
비 텀 벌러-드 세트구-울치 벌른
나는 커서 기자가 될 겁니다

Багш [박쉬]	선생	бүжигчин [부찍칭]	댄서
эмч [엠치]	의사	дуучин [도-칭]	가수
өмгөөлөгч [움거-얼럭치]	변호사	жүжигчин [주찍칭]	배우

төрийн албан хаагч [투리-잉 알방 하-그치]	공무원	онгоцны үйлчлэгч [엉거츠니 윌칠렉치]	비행기 승무원
барилгачин [바릴락칭]	건축가	нисгэгч [니스겍치]	파일럿
эрдэмтэн [에르뎀텡]	학자	модель [머델] загвар өмсөгч [자그와르 움숙치]	모델
программист [프락라미스트]	프로그래머	бөхчин [버흐칭]	씨름선수
цагдаа [착따-]	경찰	малчин [말칭]	목축업자
цэрэг [체레크]	군인	бизнесмен [비즈네스멘]	사업가
компанийн ажилтан [캄파니 아질탕]	회사원	хөл бөмбөгчин [훌 범버그칭]	축구선수
пастор [파스터르]	목사	инжинер [인지네르]	엔지니어
дизайнер [디자이네르]	디자이너	сэтгүүлч [세트구-울치]	기자

3 단계

문제 풀기

Ⅰ. 다음 보기와 같이 문장을 완성하시오.

보기≫ Эндээс Дархан *руу* яаж явах вэ ?

1. Эндээс эмнэлэг__________ яаж явах вэ?
2. Тэндээс танай гэр__________ аль замаар явах вэ?
3. Монгол__________ яаж илгээмж явуулах вэ?
4. Чингис зочид буудал__________ юугаар явах вэ?

Ⅱ. 다음 보기와 같이 문장을 완성하시오.

보기≫ Би хэзээ /та/ *тан руу* утасдах вэ?

1. Болороо өчигдөр /би/ __________ утсаар ярьсан.
2. Тэр хүүхэд миний /гар/ __________ цохисон.

3. Би /чи/ __________ захиа явуулсан.
4. Тэр хүн /би/ __________ харсан.
5. Уржигдар би /Солонгос/ __________ утсаар ярьсан.

Ⅲ. 다음 보기와 같이 문장을 완성하시오.

보기≫ Чингис зочид буудал руу явна

1. Болд ой__________ жимс түүхээр оров.
2. Цэцэгээ Болороотой уулзахаар түүний ажил__________ явсан.
3. Ээж хүнсний юм авахаар зах__________ явсан.
4. Ах англи хэл сурахаар өнгөрсөн жил Америк__________явсан.
5. Эгч найзтайгаа жүжиг үзэхээр театр__________ явсан.

Ⅳ. 다음의 몽골어를 우리말로 옮기시오.

1. Чи хаашаа явж байна вэ?
→
2. Би сургууль руу явж байна.
→
3. Хичээлээ дуусаад номын сан руу ирээрэй.
→
4. Сургууль руу ямар автобус явдаг вэ?
→
5. Туяагийн эгч эмч.
→

Ⅴ. 다음의 우리말을 몽골어로 옮기시오.

1. 우리 아버지는 의사입니다.
→
2. 수업이 끝나고 집으로 가고 있습니다.
→

3. 언니는 작년에 영어 공부하러 미국에 갔습니다.

→

4. 나는 커서 변호사가 될겁니다.

→

5. 언제 한국으로 돌아가십니까?

→

4 단계

단어 익히기

- залуу 젊은이
- уул 산
- туулай 토끼
- бут 덤불
- ус 물
- өвчтөн 환자
- тарих 주사 맞다
- эмнэлэг 병원
- илгээмж 우편
- зочид буудал 호텔
- цохих 때리다, 치다
- явуулах 보내다
- жимс 과일
- түүх 따다, 주워 모으다
- ой 숲
- жүжиг 연극
- хаашаа 어디
- номер 번호
- хүнсний юм 식료품
- буцах 돌아가다

Хичээл 12

Ээж чинь ирсэн үү?

А : Ээж чинь ирсэн үү?
에-찌 친 이르스누-

Б : Ээж маань ирсэн.
에-찌 마-안 이르승

А : Чи номын дэлгүүрээс юу авсан бэ?
치 너밍 델구-레-쓰 요- 압승 베

Б : Би аавынхаа номыг авсан.
비 아-윙하- 너미끄 압상

А : Бат гэртээ юу хийж байна вэ?
바트 게르테- 요- 히-찌 밴 웨

Б : Бат гэртээ хичээлээ давтаж байна.
바트 게르테- 히첼-레- 답타찌 밴

A : 너의 어머니는 오셨니?
B : 우리 어머니는 오셨다.
A : 너는 서점에서 무엇을 샀니?
B : 나는 아버지의 책을 샀다.
A : 바트는 집에서 무엇을 하고 있니?
B : 바트는 집에서 공부를 하고 있다.

문법 따라잡기

◆ 재귀소유어미

몽골어의 독특한 형태로 재귀소유어미를 들 수 있다. 재귀소유어미는 일반재귀소유어미와 인칭재귀소유어미로 구분할 수 있고, 그 사용법은 다음과 같다.

(1) 일반재귀소유어미(-aa^4)
몽골어 주격 이외의 다른 모든 격어미 뒤에 연결되어 그 단어가 동작주(주어)에 소속되는 의미를 갖게 된다. 즉 〈өөрийн~자신의〉라는 의미를 갖게 된다.

속격	гарынхаа
여 · 처격	гартаа
목적격	гараа
탈격	гараасаа
구격	гараараа
공동격	гартайгаа
방향격	гар руугаа

(2) 인칭재귀소유어미
1,2,3인칭과 같은 각 인칭에 대한 재귀소유의 의미를 갖게 된다.

1인칭	минь 나의	маань 우리의
2인칭	чинь 너의	тань 당신의
3인칭	нь 그 사람의, 그 것의	

ах минь	(나의)형	дүү чинь	(너의)동생
ном тань	(당신의)책	гэр нь	(그 사람의)집

Би дүүгээ мартдаггүй. (○) 나는 나의 동생을 잊지 않는다.
비 두-게- 마르트닥귀

Би миний дүүг мартдаггүй. (×)
비 미니- 두-그 마르트닥귀

알아두기

◆ 신체의 명칭 및 관련 표현

Нүүр	얼굴	Бие	몸
хацар	볼	толгой	머리
хөмсөг	눈썹	хүзүү	목
дух	이마	мөр	어깨
хэл	혀	гар	손
уруул	입술	гарын алга	손바닥
шүд	이	нуруу	등
хамар	코	гэдэс	배
нүд	눈	өгзөг	엉덩이
эрүү	턱	өвдөг	무릎
сахал	수염	цээж	가슴
		суга	겨드랑이
		хөх	유방
		хуруу	손가락
		хумс	손톱
		тохой	팔꿈치
		бугуй	손목
		хөл	다리
		гуя	허벅지
		арьс	피부

문제 풀기

Ⅰ. 다음 보기와 같이 알맞은 것을 고르시오.

보기≫

Танай ах
= Ах /маань, минь, чинь, *тань*/

1. Чиний аав
   = Аав /маань, минь, чинь/
2. Таны ээж
   = Ээж /маань, минь, чинь, тань/
3. Чиний найз
   = Найз /маань, минь, чинь/
4. Миний дүү
   = Дүү /минь, тань, маань/
5. Тэдний хүүхэд
   = Хүүхэд /маань, минь, нь/

Ⅱ. 다음 보기와 같이 문장을 완성하시오.

보기≫

Танай ах *тань* эмч үү?

1. Дорж оо, өвөө ___________ хэзээ ирсэн юм бэ?
   Өвөө ___________ уржигдар хөдөөнөөс ирсэн.
2. Таны аав ___________ хэзээ ажлаас___________ ирэх вэ?
3. Чиний шалгалт ___________ хэзээ дуусах вэ?
4. Танай сургууль ___________ их том уу?
5. Танай аав ___________ чамаас өндөр үү?

Ⅲ. 다음 보기와 같이 문장을 완성하시오.

보기≫

Бат гар*аа* угаав

1. Чи надад эгчээс__________ ном аваад өгөөч.
2. Дүү даалгавар__________ хийж байна.
3. Эгч оройн хоол__________ хийж байна.
4. Өчигдөр танай ээж __________ утсаар ярьсан.
5. Би эгчийг__________ дуудаад ирсэн.

4. 다음의 몽골어를 우리말로 옮기시오.

1. Ээж чинь ирсэн үү?
   →
2. Чи номын дэлгүүрээс юу авсан бэ?
   →
3. Би аавынхаа малгайг авсан.
   →
4. Бат гэртээ хичээлээ давтаж байна.
   →
5. Танай аав одоо монголд байгаа юу?
   →

5. 다음의 우리말을 몽골어로 옮기시오.

1. 너의 아버지는 몽골에 가셨니?
   →
2. 우리 아버지는 지금 한국에 계셔.
   →
3. 너는 집에서 무엇을 하고 있니?
   →
4. 나는 집에서 공부하고 있다.
   →
5. 시험은 목요일에 끝난다.
   →

단어 익히기

- мартах　　잊다
- давтах　　복습하다
- номын дэлгүүр　　서점

Хичээл 13

Би 2 цагт ирье.

A : Чи хэдэн цагт ирэх вэ? 치 헤등 착트 이르흐 웨	A : Хэн энэ ажлыг хийх вэ? 헹 엔 아질리크 히-흐 웨
Б : Би 2 цагт ирье. 비 허여르 착트 이리	Б : Би хийе. 비 히-
A : Хурдан ирээрэй. хамт 호르땅 이레-레 함트 кино үзье. 키노 우지	
Б : Тэгье. 티기	

A : 너는 몇 시에 올 거니?
B : 나는 2시에 올께.
A : 빨리 와라. 함께 영화 보자.
B : 그러자.

A : 누가 이 일을 할 겁니까?
B : 제가 할께요.

문법 따라잡기

◆ 1인칭 동사종결어미(-я, -е, -ё)

1인칭 화자 자신이 상대방에게 자신이 하고자 하는 '의도'를 나타내거나 동의를 구하는 '제안'을 할 경우 사용하는 동사종결어미이다. -я(-е, -ё)어미는 '의도'의 경우 한국어 '-ㄹ께, -ㄹ께요' 형과 대응시킬 수 있고 '제안'의 경우에는 '-자, -ㅂ시다' 형과 대응시킬 수 있다. 다음과 같이 동사어간에 따라 구별하여 사용한다.

(1) 동사어간이 모음 및 연음부호(ь)로 끝나는 경우 모음조화 법칙에 따라서 직접 연결한다.
- 남성 모음어+я, ё
- 여성 모음어+е

суух – сууя	앉자/앉을께
хийх – хийе	하자/할께
ярь – ярья	이야기하자/이야기할께
гүйх – гүйе	달리자/달릴께

За, бүгдээрээ сууя. 자, 모두 앉읍시다.
자, 북데레- 소-이

Ангид орж хичээл хийе. 교실에 들어가서 공부할께요.
앙기드 어르찌 히체-엘 히-

(2) 동사어간이 자음으로 끝나는 경우
- 남성 모음어 (а, у, я)+ъ+я
- 남성 모음어 (о)+ъ+ё
- 여성 모음어 (э, ө, ү, и)+ь+е

унтах – унтъя	자자/잘께
очих – очъё	가자/갈께
орох – оръё	들어가자/들어갈께
үзэх – үзье	보자/볼께

За би унтъя. 자, 나는 잘께.
자 비 온티

Маргааш танайд очъё. 마르가-쉬 타네드 어치	내일 너네 집에 갈께.
Би ангид оръё. 비 앙기드 어리	나는 교실에 들어갈께.
Өнөө орой хамт кино үзье. 우느- 어레 함트 키노 우지	오늘 저녁에 함께 영화 봅시다.
Маргааш хамт бөхийн өргөө рүү явъя. 마르가-쉬 함트 부히-잉 우르거- 루- 야위	내일 같이 씨름경기장에 갑시다.

알아두기

◆ 명절–계절 인사말 표현

Сайхан зусаж байна уу? 새항 조싸찌 배노-	여름 잘 보내고 계십니까?
Сайхан намаржиж байна уу? 새항 나마르찌찌 배노-	가을 잘 보내고 계십니까?
Сайхан хаваржиж байна уу? 새항 하와르찌찌 배노-	봄 잘 보내고 계십니까?
Сайхан өвөлжиж байна уу? 새항 우월찌찌 배노-	겨울 잘 보내고 계십니까?

Баярын мэнд хүргэе. 바야링 멘드 후르기	축하 드립니다.
Сайхан наадаж байна уу? 새항 나-다찌 배노-	나담 잘 보내고 계십니까?
Шинэ оны мэнд хүргэе. 신 어니 멘드 후르기	새해 복 많이 받으십시오.
Шинэ жилийн мэнд хүргэе. 신 질리-잉 멘드 후르기	새해 복 많이 받으십시오.
Сар шинийн мэнд хүргэе. 사르 시니-잉 멘드 후르기	새해 복 많이 받으십시오.
Сайхан шинэлж байна уу? 새항 시낼찌 배노-	새해맞이는 잘 하고 계십니까?
Сар шинэдээ сайхан шинэлж байна уу? 사르 신데- 새항 시낼찌 배노-	새해맞이는 잘 하고 계십니까?
Сар шинэдээ сайхан шинэлээрэй. 사르 신데- 새항 시낼래-래	새해 잘 보내십시오.

문제 풀기

Ⅰ. 다음 보기와 같이 표를 완성하시오.

	동사	-я, -е, -ё
보기	Хэлэх	хэлье
	Хийх	
	Авах	
	өгөх	
	Үзэх	
	Явах	
	Гарах	
	Гүйх	
	Унтах	
	Харах	
	Суух	
	Бичих	

Ⅱ. 다음의 몽골어를 우리말로 옮기시오.

1. Та хэдэн цагт ирэх вэ?
→

2. Хурдан ирээрэй. Хамт кино үзье.
→

3. Хэн энэ ажлыг хийх вэ?
→

4. Маргааш танайд очъё.
→

5. Сар шинэдээ сайхан шинэлж байна уу?
→

Ⅲ. 다음의 우리말을 몽골어로 옮기시오.

1. 새해 복 많이 받으세요.
→

2. 나담 잘 보내고 계십니까?
→

3. 교실에 들어가서 공부할께요.
→

4. 내일 저녁에 함께 영화 봅시다.
→

5. 월요일에 같이 학교에 가자.
→

4 단계

단어 익히기

- очих　가다, 다가가다
- бөх　씨름
- бөхийн өргөө　씨름 경기장

Хичээл 14

Энэ өрөөнд оюутнууд байдаг уу?

А : Энэ өрөөнд оюутнууд
엔 우런드 어유트노-드
байдаг уу?
배뜨꼬-

Б : Үгүй, энэ өрөөнд багш
우귀, 엔 우런-드 박시
нар байдаг.
나르 배딱

А : Энэ сандлуудыг багш нарын
엔 산달로-디끄 박시 나링
өрөөнд оруулах уу?
우런-드 어로-올호-

Б : Тэг, багш нарын өрөөнд
텍, 박시 나링 우런-드
оруулаарай.
어로-올라-래

А : Чи хэдэн цагт Туяатай
치 헤뜽 착트 토야태
уулзах вэ?
올-자흐 웨

Б : Би 2 цагт уулзана.
비 허여르 착트 오-올잔

А : Тэгвэл хурдан яваач.
테그웰 호르당 야와-치
Хоцорлоо.
허처를러-

Б : Зүгээрээ. Хүлээж байг.
주게-레- 훌레-찌 배끄

А : Хаана уулзах юм?
하-안 오-올자흐 욤

Б : Их дэлгүүрийн урд уулзана.
이흐 델구-리-잉 오르드 오-올잔

A : 이 방에 학생들이 있습니까?
B : 아니오, 이 방에는 선생님들이 계십니다.
A : 이 의자들을 선생님들 방에 들여놓을까요?
B : 그래요, 선생님들 방에 들여놓으세요.

A : 너는 몇 시에 토야와 만나니?
B : 나는 2시에 만납니다.
A : 그러면 빨리 가라. 늦겠다.
B : 괜찮아요. 좀 기다리게 하죠.
A : 어디서 만나니?
B : 백화점 앞에서 만납니다.

문법 따라잡기

◆ 명사의 복수형

아래와 같은 복수형 어미들을 명사 어간에 연결하여 만든다. 한국어의 명사 복수형 '-들' 어미와 대응된다.

(1) 명사+-ууд, -үүд

주로 사물의 경우 많이 사용한다. н 이외의 자음으로 끝나는 남성 모음어에는 -ууд, 여성모음어에는 -үүд를 연결한다.

хүүхэд – хүүхдүүд	어린이들
ном – номууд	책들

(2) 명사+-нууд, -нүүд

대개 어간이 장모음, 이중모음, 숨은 н으로 끝나는 단어에 연결한다.

ширээ – ширээнүүд	책상들
мод – моднууд	나무들

(3) 명사+-чууд, -чүүд

주로 사람의 경우 많이 사용한다.

монгол – монголчууд	몽골인들
эмэгтэй – эмэгтэйчүүд	여성들

(4) 명사+нар

사람과 관계된 복수형 어미로 많이 사용한다. 다른 어미들과 달리 따로 띄어서 사용한다.

багш – багш нар	선생들
найз – найз нар	친구들

(5) 명사+-д

대개 л, н, р의 자음으로 끝나는 단어에서 그 л, н, р를 생략하고 연결한다.

нөхөр – нөхөд	남편들
зочин – зочид	손님들

※ 몽골어 복수형 어미들은 보편적으로 위와 같이 연결시켜 사용하나 예외적인 경우도 많다.

※ 격어미는 복수형 어미 뒤에 연결하여 사용한다.

Хүүхдүүд гэрт байна. 아이들은 집에 있습니다.
후-흗두-드 게르트 밴

Монголчууд морь сайн унадаг. 몽골 사람들은 말을 잘 탄다.
멍걸초-드 머르 생 온닥

Багш нар хурал хийсэн. 교사들이 회의를 했다.
박시 나르 호랄 히-승

Ширээнүүд хаана байна вэ? 책상들은 어디 있습니까?
시레-누-드 하-안 밴 웨

Зочид удахгүй ирнэ. 손님들이 곧 온다.
저치드 오다흐귀 이른

◆ 동사어간+-аач^{4}

동사어간에 2인칭 문종결어미 **-аач**^{4}를 연결하여 화자가 청자에 대한 '요구', '지시'의 의미를 나타낸다.

Гэрээ цэвэрлээч. 집 청소 좀 해라.
게레- 체웨르레-치

Номоо уншаач. 책 좀 읽어라.
너머- 온샤-치

◆ 동사어간+-г

동사어간에 3인칭 문종결어미 **-г**를 연결하여 화자가 제 3자에 대한 '허용', '희망'의 의미를 나타낸다.

Ганцаараа байг. 혼자 있게 놔둬.
간차-라- 배끄

Хамт яваг. 같이 가게 놔둬.
함트 야와끄

알아두기

◆ 의문사

몽골어에 많이 쓰이는 의문사를 정리하면 다음과 같다.

- **хэн** (누가)

Өнөөдөр хэн аяга угаах вэ? 오늘은 누가 설거지합니까?
우느-드르 헹 아이끄 오가-흐 웨

- **хэзээ** (언제)

Багш хэзээ ирсэн бэ? 선생님은 언제 오셨습니까?
박시 헤제- 이르승 베

- **хаана** (어디, 어디서)

Тэмцээн хаана болох вэ? 경기는 어디서 합니까?
템체-엔 하-안 벌러흐 웨

- **хир** (얼마나)

Өчигдөр хир олон хүн ирсэн бэ? 어제 얼마나 많은 사람이 왔습니까?
우칙드르 히르 얼릉 훙 이르승 베

- **яагаад** (왜)

Чи яагаад ирээгүй вэ? 너는 왜 안 왔니?
치 야가-드 이레-귀 웨

- **ямар** (어떤)

Бат ямар хүн бэ? 바트는 어떤 사람입니까?
바트 야마르 훙 베

- **яасан** (어떻게 되었는가?)

Сургууль яасан бэ? 학교는 어떻게 되었습니까?
소르고-올 야승 베

-**яаж** (어떻게)

Их дэлгүүр лүү яаж явах вэ? 백화점으로 어떻게 가나요?
이흐 델구-르 루- 야찌 야와흐 웨

- **юу** (무엇)

Юу идэх вэ? 무엇을 먹을까요?
요- 이데흐 웨

- **хэдэн** (몇)

Чамд хэдэн төгрөг байгаа вэ? 너한테 돈이 얼마 있니?
참드 헤뜽 투그륵 배가- 웨

- хэдийд (언제쯤)

Хэдийд явах вэ? 언제쯤 갑니까?
헤띠-드 야와흐 웨

-аль (어느)

Чи аль сургуульд явдаг вэ? 너는 어느 학교에 다니니?
치 앨 소르고-올드 야브닥 웨

3 단계

문제 풀기

Ⅰ. 다음의 단어에 복수형 어미를 알맞게 연결하시오.

보기≫ цонх – *цонхнууд*

1. хувцас –
2. гутал –
3. түлхүүр –
4. эрэгтэй –
5. эмч –
6. захирал –
7. эгч –
8. машин –

Ⅱ. 다음의 몽골어를 우리말로 옮기시오.

1. Манай найз нар намайг хүлээж байгаа.
   →
2. Монголчууд мах их иддэг.
   →
3. Манай сургуулийн багш нар оюутнуудаа хайртай.
   →
4. Өчигдөр манайд зочид их ирсэн.
   →
5. Залуучууд уул руу гарсан.
   →

Ⅲ. 다음의 우리말을 몽골어로 옮기시오.

1. 교실에서 학생들이 공부하고 있다.
→
2. 사람들이 등산을 하고 있다.
→
3. 너는 왜 안 왔니?
→
4. 너는 어느 학교에 다니니?
→
5. 집 청소 좀 해라.
→

단어 익히기

• эмэгтэй	여자, 여성
• нөхөр	남편, 친구
• зочин	손님
• унах	타다
• удахгүй	곧
• тэмцээн	경기, 대회
• аль	어느
• машин	자동차
• хайртай	사랑하다

Хичээл

15 Дэвтрийг ширээн дээр тавиарай.

A : Энэ дэвтэр ном хоёрыг
엔 뎁테르 넘 허요리-끄
хаана тавих вэ?
하-안 테위흐 웨

Б : Дэвтрийг ширээн дээр
뎁테리-끄 시레-엔 데-르
тавиарай.
테웨래
Номыг цүнхэн дотор
너미-끄 충흔 도토르
хийгээрэй
히-게-레

A : Маргааш хаана уулзах вэ?
마르가-쉬 하-안 오-올자흐 웨

Б : Маргааш их дэлгүүрийн
마르가-쉬 이흐 델구-리-잉
өмнө уулзая.
우문 오-올지

A : 이 책과 공책을 어디에 둘까요?
B : 공책은 책상 위에 놓으세요.
책은 가방 안에 넣으세요.

A : 내일 어디서 만날까요?
B : 내일 백화점 앞에서 만납시다.

문법 따라잡기

◆ 방향과 위치

몽골어의 дээр(위), доор(아래), дотор(안), өмнө/урд(앞), хойно/ард(뒤), хажууд(옆), хооронд(사이), баруун тал(오른쪽), зүүн тал(왼쪽) 등의 단어들은 선행 명사에 속격을 취해 연결한다.

ширээ – ширээн дээр	책상 위에
сандал – сандал доор	의자 아래에
гэр – гэрийн хойно	집 뒤에
дэлгүүр – дэлгүүрийн өмнө	가게 앞에
банк – банкны ард	은행 뒤에
сургууль – сургуулийн зүүн тал	학교 왼쪽
гуанз – гуанзны баруун тал	식당 우편

самбар – самбар дээр	칠판에
сургууль – сургууль дээр	학교에

Ширээн дээр олон ном байна. — 책상 위에 많은 책이 있다.
시레-엔 데-르 얼롱 넘 밴

Гутлын тавиур дотор гутал тавьдаг. — 신발장 안에 신발을 넣는다.
고틀리-잉 테오르 도토르 고탈 태위닥

◆ 2인칭 동사종결어미(-аарай[4])

몽골어 2인칭 동사종결어미 -аарай(-оорой, -өөрөй, -ээрэй)는 청자인 2인칭에 대한 명령, 기원, 요구, 청탁, 권유 등의 의미를 나타낼 경우 사용하는 동사종결어미이다. 문맥에 따라 한국어의 '~어라', '~(으)십시오', '~세요' 등의 다양한 어미와 대응된다.

явах – яваарай	가세요
орох – ороорой	들어오세요
ирэх – ирээрэй	오세요
өгөх – өгөөрэй	주세요

Манайд ирээрэй. — 우리 집에 와라/오십시오.
마네드 이레-레

Хурдан яваарай. — 빨리 가거라/가세요.
호르당 야와-래

Үүнийг ээжид өгөөрэй. — 이것을 어머니께 드리십시오.
우-니끄 에-찌드 우거-레

2단계

알아두기

◆ 8방향 익히기

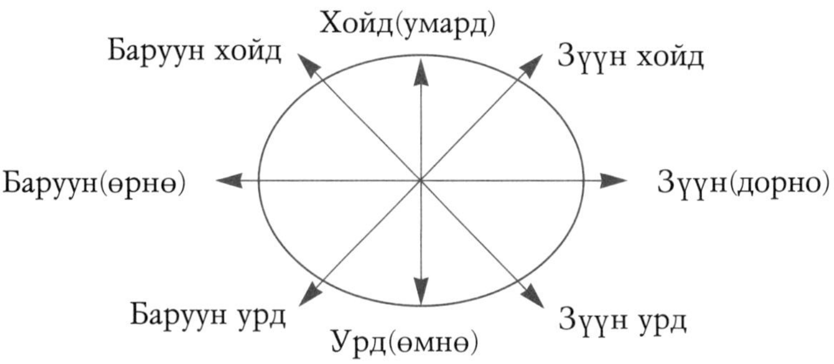

Хойд(умард)	북쪽	Урд(өмнө)	남쪽
Баруун	서쪽	Баруун хойд	서북
Баруун урд	서남	Зүүн	동쪽
Зүүн хойд	동북	Зүүн урд	동남

Зүүн Өмнөд Ази	동남아시아
Умард туйл	북극
Өмнөд туйл	남극
Баруун орнууд	유럽

문제 풀기

Ⅰ. 다음 보기와 같이 //의 내용을 사용하여 질문에 답하시오.

보기≫

Дэлгүүр хаана байна вэ? /은행 옆에/
Банкны хажууд дэлгүүр байгаа.

1. Сургууль хаана байна вэ? /우체국 앞에/

2. Батаа хаана байна вэ? /학교 옆 식당에/

3. Эмийн сан хаана байна вэ? /우리 집 옆에/

4. Зах хаана байдаг вэ? /은행 뒤에/

5. Шуудан хаана байдаг вэ? /백화점 앞에/

Ⅱ. 다음의 제시된 내용을 읽고 아래 질문에 답하십시오.

창문 오른쪽에 벽시계, 창문 왼쪽에 옷장, 책상 위에 컴퓨터, 컴퓨터 옆에 책, 책상 앞에 의자, 방 가운데 소파, 소파 앞에 TV, TV 옆에 책장

1. Ширээ хаана байна вэ?

2. Цаг хаана байна вэ?

3. Буйдан хаана байна вэ?

4. Хувцасны шүүгээ хаана байна вэ?

5. Компьютер хаана байна вэ?

6. Номын тавиур хаана байна вэ?

Ⅲ. 다음의 몽골어를 우리말로 옮기시오.

1. Танай гэр хаана байдаг вэ?
→
2. Өнөөдөр хэн аяга угаах вэ?
→
3. Эмнэлэг хаана байдаг вэ?
→
4. Энэ түлхүүрийг эгчид өгөөрэй.
→
5. Гэрлүүгээ хурдан яваарай.
→

Ⅳ. 다음의 우리말을 몽골어로 옮기시오.

1. 이 책을 바트에게 주세요.
→
2. 밥을 빨리 먹어라.
→
3. 이 책을 빨리 읽으세요.
→
4. 백화점으로 어떻게 갈까요?
→
5. 집에 어떻게 갑니까?
→

4단계

단어 익히기

• банк	은행	• буйдан	소파
• гуанз	식당	• хувцасны шүүгээ	옷장
• самбар	칠판	• компьютер	컴퓨터
• гутлын тавиур	신발장	• олон	많이
• тавих	놓다	• номын тавиур	책장
• шуудан	우체국		

Хичээл

16 Урд шөнө цас оржээ.

A : Чи Доржоос номоо
치 도르쪄-쓰 너머-

авсан уу?
압스노-

Б : Дөнгөж саяавлаа.
둥그찌 사이 아울라-

Чи хэзээ ирэв?
치 헤제- 이릅

A : Би бас сая ирлээ.
비 바쓰 사이 이를레-

A : Урд шөнө цас оржээ.
오르뜨 숀 차쓰 어르쩨

Б : Тийм. үүрээр цас орсон.
티-임 우-레-르 차쓰 어르씅

Их орж уу?
이흐 어르쪼-

A : Овоо оржээ.
어워- 어르쩨-

A : 너 도르찌한테 책 받았어?
B : 방금 받았어. 너 언제 왔어?
A : 나도 방금 왔어.

A : 지난 밤에 눈이 왔어.
B : 그래. 새벽에 눈이 왔어. 많이 왔어?
A : 꽤 왔어.

문법 따라잡기

◆ 동사 과거시제어미

몽골어 동사 과거시제어미에는 -сан^{4}, -лаа^{4}, -жээ^{2}, -в의 4가지 형태가 있다. 구어체에서 가장 많이 사용되는 어미는 -сан^{4}, -лаа^{4}이며 다음과 같이 구분할 수 있다.

(1) -сан^{4}(직접 인식한 과거)
화자 스스로가 참가한 행위나 직접 목격한 행위를 나타낸다.

Дүү кино үзсэн. 두- 키노 우쯔승	동생은 영화를 보았다.
Ах хөдөө явсан. 아흐 후더- 야우쌍	형은 시골에 갔다.

(2) -в(직접 인식한 먼 과거)
화자 스스로가 참가한 행위나 직접 목격한 행위를 나타낸다.
구어에서는 평서문에서 거의 사용되지 않으며 의문문에만 남아 있는 과거시제어미이다.

Гадаа хүйтэн байв. 가따- 휘탱 배브	밖은 추웠다.
Хавар цас оров. 하와르 차쓰 어러브	봄에 눈이 왔다.

(3) -лаа^{4}(직접 인식한 가까운 과거)
화자 스스로가 참가한 행위나 직접 목격한 행위를 나타내는 가까운 과거시제어미이다.
한편, 가까운 미래시제로도 쓰인다.

Би явлаа. 비 야울라-	나 간다.
Би хоолоо идлээ. 비 허-얼러- 이들레-	나는 식사했다.

(4) -жээ^2(간접 인식한 과거)
화자가 행위나 사건에 직접 참여하거나 목격하지 않았으며, 단지 간접적으로 알게 되었다는 의미의 과거시제어미이다
한편, 과거시제어미 -жээ^{2}는 의문첨사를 동반할 경우에는 장모음 -ээ가 탈락하여 -ж, -ч형태로 된다.

Батаа энд төржээ. 바타는 이곳에서 태어났다.
바타- 엔드 투르째-

Өчигдөр Солонгос кино гарчээ. 어제 한국영화가 나왔다.
우칙드르 설렁거쓰 키노 가르채-

알아두기

◆ 가격 묻기

Энэ ямар үнэтэй вэ? 이것은 얼마입니까?
엔 야마르 운태 웨

Энэ хэд вэ? 이것은 얼마입니까?
엔 헤드 웨

Энэ таван мянга, тэр гурван мянган төгрөг.
엔 타왕 미양가 테르 고르왕 미양강 투그릭
이것은 오천, 그것은 삼천 투그릭입니다

Их үнэтэй байна. 아주 비싸요.
이흐 운태 밴

Хямдхан байна. 싸요.
햠드항 밴

◆ 팔다/사다

Энд ном зардаг уу? 여기에서 책 팝니까?
엔드 넘 자르닥오-

Үгүй. энд зардаггүй. 아니오, 여기에서 안 팝니다.
우귀 엔드 자르닥꾸

Би монгол хэлний толь бичиг худалдаж авна.
비 멍걸 헬르니- 털 비치끄 호딸다찌 아운
나는 몽골어 사전을 삽니다

문제 풀기

Ⅰ. 다음 보기와 같이 질문에 답하시오.

보기≫

Туяагийн үс гоё <u>болж уу</u>?
<u>*Тийм их гоё болжээ.*</u>

1. Чи хэзээ <u>сэрсэн бэ</u>?

2. Дүү гараа <u>угаав уу</u>?

3. Монголд цаг агаар ямар <u>болж вэ</u>?

4. Би хөөрхөн <u>болж уу</u>?

5. Батаа их өндөр <u>болж уу</u>?

Ⅱ. 다음 보기와 같이 알맞은 질문을 만드십시오.

보기≫

<u>*Чи хэзээ явах вэ?*</u>
Одоо явлаа.

1. ____ ?
   Гадаа дулаахан байв.
2. ____ ?
   Солонгост бороо их оржээ.
3. ____ ?
   Багш ангийн түлхүүр өгсөн.
4. ____ ?
   Сонирхолтой ном авсан.
5. ____ ?
   Их амттай хоол болжээ.

Ⅲ. 다음의 몽골어를 우리말로 옮기시오.

1. Багш нар хурал хийсэн.
→
2. Монголчууд морь их унадаг.
→
3. Гутлын тавиур дотор гутал тавьдаг.
→
4. Хүн их ирж үү?
→
5. Гадаа бороо их орж уу?
→

Ⅳ. 다음의 우리말을 몽골어로 옮기시오.

1. 아이들은 집에 있습니다.
→
2. 공부 많이 했어?
→
3. 토야는 이곳에서 태어났다.
→
4. 책상 위에 많은 책이 있습니다.
→
5. 책상들은 어디에 있습니까?
→

단어 익히기

• гадаа	밖	• дулаан	따뜻하다
• хүйтэн	춥다	• сонирхолтой	재미있다
• хавар	봄	• сонирхолгүй	재미없다
• төрөх	태어나다	• амттай	맛있다
• үнэтэй	비싸다	• амтгүй	맛없다
• хямд	싸다	• дөнгөж сая	방금
• зарах	팔다	• саяя	금방, 이제 막
• худалдаж авах	사다	• шөнө	밤
• сэрэх	깨다	• үүр	새벽
• цаг агаар	날씨	• гараа угаах	손을 씻다

Хичээл 17

Би гэртээ хариад хоол иднэ.

А : Чи хоол идсэн үү?
치 허-얼 이드쓰누-

Б : Үгүй, идэж чадаагүй.
우귀 이데찌 차따-꾸

Цаг байхгүй учраас одоо
착 배호꾸이 오치라-쓰 어떠-

идэж чадахгүй.
이데찌 차따흐귀

А : Тэгвэл гараа угаагаад
테그웰 가라- 오가-가-드

хоол идээрэй.
허-얼 이데-레

Б : Зүгээр. Би гэртээ хариад
주게-르. 비 게르테- 하리아드

хоол иднэ.
허-얼 이든

А : Хэзээ гэртээ харих вэ?
헤제- 게르테- 하리흐 웨

Б : Энэ даалгаварыг дуусгаад
엔 달-그와리끄 도-쓰가-드

харина.
하린

A : 너 밥 먹었니?
B : 아니요, 못 먹었습니다.
시간이 없어서 지금 못 먹어요.
A : 그럼 손 씻고 밥 먹어라.
B : 괜찮아요. 집에 돌아가서 먹을께요.
A : 언제 집에 갈 거니?
B : 이 숙제를 끝내고 갈 거예요.

문법 따라잡기

◆ 동사어간+-аад[4]

동사어간에 -аад[4]를 접속하여 하나의 동작이 끝나고 그 후에 다른 동작이 순차적으로 일어남을 나타낸다. -аад(-ээд, -оод, -өөд)를 모음조화법칙에 따라 접속한다. 한국어의 '-아/어, -아/어서, -고' 등의 어미와 대응된다.

Гэртээ ирээд кино үзсэн. 집에 와서 영화를 보았다.
게르테- 이레-드 키노 우쯔승

Бороо ороод газар нойтон байна. 비가 와서 땅이 촉촉하다.
버러- 어러-드 가자르 너-텅 밴

Өнөөдөр сайн амраад маргааш ирээрэй. 오늘 잘 쉬고 내일 오세요.
우느-드르 생 아므라-드 마르가-쉬 이레-레

Бие өвдөөд явж чадсангүй. 몸이 아파서 가지 못했다.
비에 웁더-드 야우찌 찯상귀

◆ -ж/-ч+чадна/чадахгүй

동사어간이 в, г, с로 끝날 경우에는 -ч+чадна/чадахгүй를 연결하고 그 나머지 경우에는 -ж+чадна/чадахгүй를 연결한다. 한국어의 '-(으)ㄹ 수 있다/ 없다'와 대응된다. 부정의 경우 -ж/-ч+чадахгүй는 '못+-하다'와도 대응될 수 있다.

Би усанд сэлж чадна. 나는 수영을 할 수 있다.
비 오싼드 셀찌 차든

Би тамхи татаж чадахгүй. 나는 담배를 피울 수 없다.
비 타미흐 타타찌 차다흐귀

Би энэ номыг өгч чадахгүй. 나는 이 책을 줄 수 없다.
비 엔 너미끄 욱치 차다흐귀

알아두기

◆ 몽골식당 메뉴 보기

Зууш 전채요리

Нийслэл салат	감자 샐러드
Байцааны салат	양배추 샐러드
Луувангийн салат	당근 샐러드
Өндөгтэй салат	계란 샐러드

Нэг дүгээр хоол 스프

Ногоотой шөл	야채스프
Банштай шөл	만두국
Гурилтай шөл	칼국수
Хар шөл	고깃국
Мөөгтэй шөл	버섯스프

Хоёр дугаар хоол 본요리

Цуйван	볶음국수
Гуляш	고기정식
Бууз	찐 고기만두
Хуушуур	구운 고기만두
Будаатай хуурга	볶음밥
Пүнтүүзтэй хуурга	잡채

Дисерт 디저트

Зайрмаг	아이스크림
Тоорт, бялуу	케이크

Халуу ундаа 따뜻한 음료

Кофе	커피
Хар цай	차
Сүүтэй цай	우유차

Хүйтэн ундаа 찬 음료

Ундаа	음료수
Цэвэр ус	생수
Жүүс	주스

3 단계

문제 풀기

Ⅰ. 다음 보기와 같이 -аад[4]을 사용하여 문장을 연결하시오.

보기≫

Өглөө боссон. Цайгаа уусан.
Өглөө босоод цайгаа уусан.

1. Дүү хичээлээ хийсэн. Тэгээд хоолоо идсэн.
   →
2. Эгч гэрээ цэвэрлэдэг. Тэгээд хоолоо хийдэг.
   →
3. Бат Улаабаатарт маргааш ирнэ. Тэгээд нөгөөдөр явна.
   →
4. Өчигдөр Батын гэдэс өвдсөн учраас ажилдаа яваагүй.
   →
5. Ах мөнгө өгсөн учраас эгч дэлгүүр явсан.
   →

Ⅱ. 다음 보기와 같이 문장을 만드시오.

보기≫

Усанд сэлэх
– *Би усанд сэлж чадахгүй.*

1. Хурдан гүйх
2. Зураг зурах
3. Дуу дуулах
4. Төгөлдөр хуур дарах

5. Англиар ярих

6. Монгол хоол хийх

Ⅲ. 다음의 몽골어를 우리말로 옮기시오.

1. Эмээ уугаад хоолоо идээрэй.
 →
2. Үүнийг уншаад бичээрэй.
 →
3. Энэ жил ирээд 2 жилийн дараа явна.
 →
4. Өчигдөр Солонгос кино гарчээ.
 →
5. Орост цас их оржээ.
 →

Ⅳ. 다음의 우리말을 몽골어로 옮기시오.

1. 나는 수영을 못합니다.
 →
2. 친구는 내일 올 수 있습니다.
 →
3. 동생은 한국 음식을 만들 수 있습니다.
 →
4. 동생은 책을 읽을 수 있습니다.
 →
5. 몸이 아파서 공부를 못 했습니다.
 →

단어 익히기

• нойтон	젖다, 젖은
• газар	땅
• өвдөх	아프다
• чадах	할 수 있다
• сэлэх	수영하다
• тамхи татах	담배 피다
• татах	끌다, 당기다
• цай	차
• төгөлдөр хуур	피아노
• дарах	치다, 누르다
• эм	약
• дараа	다음, 후
• харих	집에 돌아가다
• даалгавар	숙제
• дуусгах	끝내다

Хичээл

18 Би одоо кино үзэж болох уу?

А : Орж болох уу?
어르찌 벌르호-

Б : Болно.
벌른

А : Би одоо кино үзэж болох уу?
비 어떠- 키노 우제찌 벌르호-

Б : Гэрийн даалгавараа
게리-잉 달-그와라-

дуусгавал үзэж болно.
도-쓰왈 우제찌 벌른

А : Тэгвэл хурдан хичээлээ хийе.
테그웰 호르땅 히첼-레- 히-

А : Чи энэ зун юу хиймээр байна?
치 엔 종 요- 히-메-르 밴

Б : Би аялалд явмаар байна.
비 아일랄드 야우마-르 밴

А : Тийм үү? Хаашаа? Хэзээ?
티-무- 하-샤- 헤제-

Б : Би найман сард Жежү
비 내-망 사르드 제주

арал явмаар байна.
아랄 야우마-르 밴-

A : 들어가도 됩니까?
B : 됩니다.
A : 저 지금 영화 봐도 될까요?
B : 숙제를 끝내면 봐도 된다.
A : 그럼 빨리 공부해야지.

A : 너 이번 여름에 뭐 하고 싶니?
B : 나는 여행 가고 싶어
A : 그래? 어디로? 언제?
B : 나는 8월에 제주도에 가고 싶어.

문법 따라잡기

◆ болно(허용)/болохгүй(불허)

болно/болохгүй는 '허용/불허'의 의미를 나타내는데 동사어간에 -ж/-ч를 연결하여 사용한다.

평서문 : -ж/-ч болно ~해도 됩니다
부정문 : -ж/-ч болохгүй ~하면 안 됩니다
의문문 : -ж/-ч болох уу? ~해도 됩니까?
부정의문문 : -ж/-ч болохгүй юу? ~하면 안 됩니까?

동사어간이 в, г, с, р로 끝나는 경우에 -ч를 연결하고 나머지 경우에는 -ж를 연결한다. 단, яв-는 예외임.

өгч болно 주어도 됩니다
гарч болно 나가도 됩니다
авч болно 가져도 됩니다
явж болно 가도 됩니다

Энд зогсож болохгүй. 여기 서 있으면 안 됩니다
엔드 적서찌 벌러호꾸

◆ -маар байна[4]

-маар байна[4]은 한국어의 '-하고 싶다'에 대응하는 희망, 의지의 의미를 나타낸다. 모음 조화 법칙에 따라 동사어간에 접속한다.

Би амармаар байна. 나는 쉬고 싶습니다.
비 아마르마-르 밴

Бууз идмээр байна. '보-즈'를 먹고 싶습니다.
보-즈 이드메-르 밴

Жорлон явмаар байна. 화장실에 가고 싶습니다.
저를렁 야우마-르 밴

알아두기

◆ 사계절

Хавар 봄
하와르

Дулаан 따뜻하다
돌라-앙

цас хайлах 눈이 녹다
차쓰 하일라흐

анхны бороо 첫 비
앙흐니 버러-

нүүдлийн шувуу 철새
누-들리-잉 쇼워-

шороон шуурга 황사
셔러-엉 쇼-라끄

Зун 여름
종

Халуун 덥다
할로-옹

бороо орох 비가 오다
버러- 어러흐

налгар зун 평온한 여름
날가르 종

мөндөр орох 우박내리다
문드르 어러흐

Солонго татах 무지개뜨다
설렁거 타타흐

Намар 가을
나마르

Унасан навч/шарласан навч 낙엽
온상 납치 / 샤랄상 납치

салхи салхилах 바람불다
살리흐 살힐라흐

нүүдлийн шувуу буцах 철새의 귀향
누-들링 쇼워- 보찬

ургац хураах 수확하다
오르가치 호라-흐

Өвөл 겨울
우월

Цас ордог 눈이 온다
차쓰 어르덕

цасаар шуурах 눈보라치다
차싸-르 쇼-라흐

цасаар тоглох 눈으로 놀다
차싸-르 터글러흐

цасаар байлдах 눈싸움하다
차싸-르 밸다흐

их хүйтэн 매우 춥다
이흐 휘탱

хөлдөх 얼다
훌더흐

Анхны цас 첫 눈
앙흐니 차쓰

Цасан хүн 눈사람
차쌍 훙

문제 풀기

Ⅰ. 다음 보기와 같이 болно/болохгүй를 알맞게 연결하시오.

보기≫

> Усанд сэлэх
> – *Усанд сэлж болохгүй.*

1. усаар тоглох
2. галаар тоглох
3. сургууль дотор гүйх
4. архи уух
5. ажил таслах
6. хичээлд хоцрох
7. гэрлүүгээ явах

Ⅱ. 다음 보기와 같이 -маар байна를 알맞게 연결하시오.

보기≫

> Би хоол иднэ.
> *Би хоол идмээр байна.*

1. Би ирэх жил монгол явна.
______________________ .
2. Дараа долоо хоногт Франц явна.
______________________ .
3. Би тэр киноог үзнэ.
______________________ .
4. Би зайрмаг иднэ.
______________________ .
5. Би тэр хүнийг харна.
______________________ .

Ⅲ. 다음 보기와 같이 표를 보고 문장을 만드시오.

№.	Гариг	Цаг	Хийх ажил
보기	Даваа	20 : 30	Гэртээ ирнэ
1	Мягмар	17 : 45	Найзтайгаа уулзах
2	Баасан	7 : 00	Өглөөний цай уух
3	Бямба	21 : 35	Цэцгээтэй кино үзэх
4	Ням	өдөр	Хувцсаа угаах

보기≫ *Батаа нэгдэх өдөр 20 цаг 30 минутад гэртээ ирсэн.*

1. ____.
2. ____.
3. ____.
4. ____.

Ⅳ. 다음의 몽골어를 우리말로 옮기시오.

1. Би одоо кино үзэж болох уу?
→
2. Та өнөөдөр юу хиймээр байна вэ?
→
3. Хүүхдүүд шинэ орсон цасаар байлдаж тоглов.
→
4. Би Итали руу аялалаар явмаар байна.
→
5. Би долоон сард Монголруу явмаар байна.
→

Ⅴ. 다음의 우리말을 몽골어로 옮기시오.

1. 이 일을 다 끝내고 가도 될까요?
→

2. 학생은 수업에 늦으면 안 됩니다.

→

3. 이 공책을 동생에게 줘도 될까요?

→

4. 나는 집에서 쉬고 싶어요.

→

5. 나는 지금 화장실에 가고 싶어요.

→

4단계

단어 익히기

• жорлон	화장실
• гал	불
• таслах	결석, 결근하다
• аялах	여행하다
• аялал	여행
• арал	섬
• зогсох	멈추다

Хичээл 19

Өнөөдөр цаг агаар ямар байх вэ?

А : Өнөөдөр цаг агаар ямар
우느-드르 착 아가-르 야마르

байх вэ?
배흐 웨

Б : Бороо орох учир шүхрээ
버러- 어러흐 오치르 슈흐레-

авч яваарай.
압치 야와-래

А : Тийм үү? Орой болоход
티-무- 어래 벌러허드

хүйтэн болох нээ.
휘텡 벌러흐 네-

Б : Тийм учир дулаан хувцас
티-임 오치르 돌라-앙 홉차쓰

бас аваарай.
바쓰 아와-래

Чамайг ирэхэд би тосно.
차매끄 이레헤뜨 비 토슨

А : За. Баярлалаа.
자 바야를라-

A : 오늘은 날씨가 어떨까요?
B : 비가 오니까 우산 가지고 가라.
A : 그래요? 저녁 때 되면 추워지겠네.
B : 그러니까 따뜻한 옷도 챙겨라.
네가 올 때 내가 마중 나갈께.
A : 네. 감사합니다.

문법 따라잡기

◆ 동사어간+-хад[4]

-хад[4]는 현재 및 미래시제를 나타내는 형동사어미 -х에 여 · 처격어미 -д를 연결시킨 형태로 동사 어간에 연결하여 어떤 동작이나 행동이 행해지는 '바로 그때' 라는 의미를 나타낸다. 이 때 종속문의 주어는 대격으로 사용한다. 한국어의 '~할 때' 에 대응한다.

Усанд ороход усны хувцас хэрэгтэй.
오산드 어러허드 오스니- 홉차쓰 헤렉테
수영할 때 수영복이 필요하다.

Ахынд очиход хэн ч байсангүй.
아힌드 어치허드 헹 치 배승귀
오빠네 갔을 때(갔는데) 아무도 없었다.

◆ учир(учраас)

учир(учраас)는 동작이나 행위의 원인과 이유를 나타낸다. 한국어의 '~하기(했기) 때문에, ~하니까(했으니까)' 에 대응한다.

Бороо орсон учраас тэмцээн хойшилсон.
버러- 어르승 오츠라-쓰 템체-엥 허-실승
비가 왔기 때문에 경기가 연기되었다.

Өнөөдөр завгүй учир маргааш уулзъя.
우느-드르 자우귀 오치르 마르가-쉬 오-올지
오늘은 바쁘니까 내일 만납시다.

2 단계

알아두기

〈날씨 관련 표현〉

Өнөөдөр гадаа хэдэн хэм бэ? 우느-드르 가따- 헤뎅 헴 베	오늘은 몇 도입니까?
Өнөөдөр арван хэм дулаан байна. 우느-드르 아르왕 헴 돌라-앙 밴	오늘은 10도로 따뜻합니다.
Өнөөдөр нэмэх арван хэм байна. 우느-드르 네메흐 아르왕 헴 밴	오늘은 영상 10도입니다.

− 5 хасах таван хэм 하싸흐 타왕 헴	영하 5도
+ 5 нэмэх таван хэм 네메흐 타왕 헴	영상 5도

Үүлэрхэг 우-울레르헥	흐리다	Цэлмэг 첼멕	맑다
Манан татах 마낭 타타흐	안개가 끼다	Бороо зогсох 버러- 적서흐	비가 그치다
Нар мандах 나르 만다흐	해가 뜨다	Нар жаргах 나르 자르가흐	해가 지다

3 단계

문제 풀기

Ⅰ. 다음 보기와 같이 -хад[4]를 이용하여 두 문장을 연결하시오.

보기≫

> Намайг сургуулиас гарах. Гадаа бороо орж байсан.
> → *Намайг сургуулиас гарахад гадаа бороо орж байсан.*

1. Гэртээ ирэв. Ээж байхгүй байв.

2. Ажилдаа ирэв. Хэн ч ирээгүй байсан.

3. Багш орж ирэв. Оюутнууд бүгд сууж байв.

4. Монгол руу явна. Дулаан хувцас хэрэгтэй.

5. Хурим хийнэ. Мөнгө хэрэгтэй.

Ⅱ. 다음 보기와 같이 учраас를 이용하여 두 문장을 연결하시오.

보기≫

Дараа долоо хоногт шалгалттай. Өнөөдрөөс сайн бэлдээрэй.
→ *Дараа долоо хоногт шалгалттай учраас өнөөдрөөс сайн бэлдээрэй.*

1. Маргааш ажил их. Уулзаж чадахгүй.

2. Ханиад хүрсэн. Ажилдаа яваагүй.

3. Найзын төрсөн өдөр. Бэлэг худалдаж авсан.

4. Ээж ажилдаа явсан. Би хоол хийсэн.

Ⅲ. 다음의 몽골어를 우리말로 옮기시오.

1. Чи өнөөдөр сайн амраад маргааш ирээрэй.
→

2. Өнөөдөр бороо ороод газар нойтон байна.
→

3. Сүү байхгүй байсан учраас авч чадаагүй.
→

4. Усанд ороход усны малгай хэрэгтэй.
→

5. Маргааш завгүй учир нөгөөдөр уулзъя.
→

Ⅳ. 다음의 우리말을 몽골어로 옮기시오.

1. 오늘은 몇 도입니까?
   →
2. 오늘은 영하 20도로 춥습니다.
   →
3. 내일은 바쁘니까 나중에 봐요.
   →
4. 눈이 오니까 모자 가지고 가세요.
   →
5. 나는 동생하고 무지개 뜨는 것을 보았다.
   →

4단계

단어 익히기

- хэрэгтэй 필요하다
- хойшлох 연기되다
- завгүй 바쁘다
- хэм 도
- хурим хийх 결혼하다
- ханиад хүрэх 감기 걸리다
- тосох 마중 나가다

Хичээл 20

Би унтах гэж байна.

А : Чи юу хийж байна?
치 요- 히-찌 밴

Б : Би унтах гэж байна.
비 온타흐 게찌 밴

А : Маргааш юу хийх вэ?
마르가-쉬 요- 히-흐 웨

Б : Би найзтайгаа кино
비 내쯔테가- 키노

үзэхээр явна.
우제헤-르 야운

Чи юу хийх гэж байна?
치 요- 히-흐 게찌 밴

А : Би гэр бүлийнхэнтэйгээ
비 게르 불리흔테게-

цанаар гулгахаар явна.
차나-르 골가하-르 야운

Б : Тийм үү? Би бас явмаар
티-무- 비 바쓰 야우마-르

байна.
밴

А : Дараа хамт явъя.
다라- 함트 야위

A : 너 뭐 하니?
B : 나 (지금) 자려고 해.
A : 내일 뭐 할 거야.
B : 나는 친구와 영화 보러 간다. 너는 뭐 할 거야?
A : 나는 가족들과 스키 타러 간다.
B : 그래, 나도 가고 싶다.
A : 다음에 같이 가자.

문법 따라잡기

◆ -xaap[4]

현재 및 미래시제를 나타내는 형동사어미 -x에 구격어미 -aap[4]를 연결시킨 형태로 동작이나 행위의 목적을 나타낸다. 한국어의 '~하기 위해, ~하러'에 대응한다.

Кино үзэхээр явна. 영화를 보러 간다.
키노 우제헤-르 야운

Цанаар гулгахаар явна. 스키를 타러 간다.
차나르 골가하-르 야운

Дорж усанд сэлэхээр бассейн явсан. 더르찌는 수영하러 수영장에 갔다.
더르찌 오싼드 셀레헤-르 바셍 얍상

◆ -x+гэж+байна

동작이나 행위의 결심, 준비의 의미를 나타낸다. 한국어의 '~하려고 한다'에 대응한다.

Унтах гэж байна. 자려고 한다.
온타흐 게찌 밴

Номын сан руу явах гэж байна. 도서관으로 가려고 한다.
너밍 상으로 야와흐 게찌 밴

Маргааш манайх зуслан гарах гэж байна.
마르가-쉬 마내흐 조쓸랑 가라흐 게찌 밴
우리 가족은 내일 여름 별장으로 옮기려 한다.

◆ 명사+-тай[4]+г+аа[4]

장모음이나 이중모음으로 끝난 격어미에 재귀어미를 연결할 경우에는 г를 삽입시킨다.

найзтайгаа 친구와
ээжтэйгээ 엄마와

ахтайгаа	오빠와, 형과
дүүтэйгээ	동생과

◆ -хан^4

명사나 대명사의 속격형에 접미사 -хан을 연결하여 어떤 장소, 기관에 소속된 구성원 전체를 나타낸다.

гэр бүлийнхэн	가족들
хотынхон	도시인들
ангийнхан	같은 반 학생들
Болдынхон	벌드의 가족들

2단계

알아두기

〈운동〉

Хөл бөмбөг	тоглох	축구하다
сагсан бөмбөг	тоглох	농구하다
ширээний теннис	тоглох	탁구치다
талбайн теннис	тоглох	테니스치다
гольф	тоглох	골프치다
гар бөмбөг	тоглох	배구하다

Өвлийн спорт (겨울스포츠)

Хоккей тоглох	아이스하키하다
Цанаар гулгах	스키타다
Тэшүүрээр гулгах	스케이트타다
Чаргаар гулгах	설매타다

Би хөл бөмбөг тоглох дуртай.
비 훌 뭄북 터글러흐 도르태
나는 축구하는 것을 좋아한다

Би хөл бөмбөгийн тамирчин болно.
비 훌 붐부기-잉 타미르칭 벌른

나는 축구 선수가 된다.

Маргааш гар бөмбөгийн тэмцээн болно.
마르가-쉬 가르 붐부기-잉 탬체-엥 벌른

내일 배구 경기가 있다

Ах маргааш сагсан бөмбөгийн тэмцээнд оролцоно.
아흐 마르가-쉬 삭상 붐부기-잉 템체-엔드 어럴천

형은 내일 농구 시합을 합니다.

Манай ээж ширээний теннисний аврага.
마내 에-찌 쉬레-니- 테니쓰니- 아우락

우리 어머니는 탁구 챔피언입니다

Өвөл болохоор хоккей тоглох дуртай.
어월 벌러허-르 허케 터글러흐 도르태

겨울이 되면 아이스하키 하는 것을 좋아한다.

문제 풀기

Ⅰ. 다음 보기와 같이 두 문장을 연결하시오.

보기≫

> Би номын сан явна. Номын санд хичээлээ хийнэ.
> → *Би хичээлээ хийхээр номын сан явна.*

1. Бат Чоль Сүгийн гэрлүү явна. Тэнд оройн хоол иднэ.

2. Чоль Сү маргааш Монгол явна. Монголд очиж морь унана.

3. Бат нөгөөдөр Орос явна. Орос явж сургуульд сурна.

4. Би орой кино театрлуу явна. Цэцгээтэй уулзаж кино үзнэ.

5. Би маргааш зах явна. Зах явж цүнх худалдаж авна.

Ⅱ. 다음 보기와 같이 문장을 만드시오.

보기≫

Унтах – *Би унтах гэж байна.*

1. Ажилдаа явах

2. Утсаар ярих

3. Хичээл хийх

4. Хувцсаа угаах

5. Оройн хоол идэх

Ⅲ. 다음 보기와 같이 –тайгаа를 이용하여 질문에 답하시오.

보기≫

Чи хэнтэй дуу дуулах вэ? /Туяа/ *Би Туяатай дуу дуулна.*

1. Чи хэнтэй хамт хөдөө явах вэ? /Өвөө/

2. Цэцэгээ гэртээ хэнтэй хамт байгаа вэ? /Ээж/

3. Чи хэнтэйгээ амьдардаг вэ? /Ах, дүү/

4. Оройн хоол хэнтэй идэх вэ? /Найз/

5. Чи хэнтэй монгол явах вэ? /Ах/

Ⅳ. 다음의 몽골어를 우리말로 옮기시오.

1. Би унтах гэж байна.
→

2. Би дүүтэйгээ кино үзэхээр явна.

→

3. Чи юу хийх гэж байна?

→

4. Би нэг сард найз нартайгаа цанаар гулгахаар явна.

→

5. Би хөл бөмбөгийн тамирчин болмоор байна.

→

V. 다음의 우리말을 몽골어로 옮기시오.

1. 나는 지금 도서관으로 가려고 합니다.

→

2. 나는 농구하는 것을 좋아합니다.

→

3. 바트는 러시아어를 배우러 모레 러시아로 갑니다.

→

4. 나는 가방을 사러 백화점에 갔습니다.

→

5. 나는 다음주에 가족과 함께 스키를 타러 갑니다.

→

단어 익히기

• унтах	자다	• дараа	다음에
• кино үзэх	영화를 보다	• номын сан	도서관
• гэр бүлийнхэн	가족	• бассейн	수영장
• цана	스키	• зуслан	여름 별장
• гулгах	(스키, 썰매 등을) 타다	• зуслан гарах	여름 별장으로 이동하다

Хичээл 21

Зав гарвал өнөөдөр зах явах хэрэгтэй.

A : Маргааш зочид ирнэ.
마르가-쉬 저치뜨 이른.

Гэрээ цэвэрлээрэй.
게레- 체웨르레-레

Б : Тийм үү? Ямар хүмүүс
티-무- 야마르 후무-스

ирэх вэ?
이레흐 웨

A : Манай найзууд ирнэ.
마내 내쪼-드 이른

Зав гарвал өнөөдөр зах
잡 가르왈 우느-드르 자흐

явах хэрэгтэй.
야와흐 헤렉테

Б : Би туслах хэрэгтэй юу?
비 토쓰라흐 헤렉테 요-

A : Ажлаа эрт дуусвал ирж
아질라- 에르트 도-쓰왈 이르찌

туслаарай.
토쓰라-래

A : 내일 손님들이 온다. 집 청소해라.
B : 그래요? 어떤 사람들이 와요?
A : 우리 친구들이 온다.
시간 나면 오늘 시장에 가야 한다.
B : 제가 도와 드려야 해요?
A : 일이 일찍 끝나면 와서 도와 줘.

문법 따라잡기

◆ 동사어간+-х+хэрэгтэй/-х+хэрэггүй

동작이나 행위의 필요를 나타내는 표현이다.
'동사어간+-х+хэрэгтэй' 는 한국어의 '~할 필요 있다/~해야 한다' 에 대응하고 '동사어간+-х+хэрэггүй' 는 '~할 필요 없다' 에 대응한다.

Өнөөдөр эрт харих хэрэгтэй. 오늘 일찍 집에 가야 한다.
우느-드르 에르트 하리흐 헤렉테

Тэр хүнтэй уулзах хэрэггүй. 그 사람을 만날 필요 없다.
테르 훙테 오-올자흐 헤렉귀

◆ 동사어간+-вал^4(-бал^4)

동사어간에 '조건 부동사' -вал^4(-бал^4)을 연결하여 가정이나 조건의 의미를 나타낸다. 문어체에서는 동작이나 행위가 행해지는 때를 나타내는 경우가 많다. -вал^{4}은 동사어간이 모음 또는 в, л, м 이외의 자음으로 끝나는 경우에 연결하고, -бал^{4}은 동사어간이 в, л, м으로 끝나는 경우에 연결하여 사용한다.

Ахыг ирвэл чи надад хэлээрэй. 오빠가 오면 너 나한테 이야기해라.
아힉 이르웰 치 나따드 헬레-레

Бороо их орвол ирэх хэрэггүй. 비가 많이 오면 올 필요 없다.
버러- 이흐 어르월 이레흐 헤렉귀

※ 또한 명사나 형용사, 동사의 현재, 과거, 미래시제어미 다음에 бол을 사용하여 가정이나 조건의 뜻을 나타내기도 한다.

Маргааш завтай бол уулзъя. 내일 시간 있으면 만납시다.
마르가-쉬 잡태 벌 오-올지

Их үнэтэй бол авах хэрэггүй. 너무 비싸면 살 필요 없다.
이흐 운테 벌 아와흐 헤렉귀

알아두기

◆ 병원 관련 단어와 표현

* Эрүүл биед саруул ухаан оршино.
에루-울 비예뜨 사로-올 오하-앙 어르신
(건강한 몸이 있어야 뛰어난 지혜도 가진다.)

Эмнэлэг (병원)

эмнэлэгт үзүүлэх	진찰받다
эмнэлэгт хэвтэх	입원하다

тасаг (과)

Дотрын тасаг	내과
Нүдний тасаг	안과
Гэмтлийн тасаг	정형외과
Хүүхдийн тасаг	소아과
Эмэгтэйчүүдийн тасаг	산부인과
Чих хамар хоолойн тасаг	이비인후과

шинжилгээ өгөх (검사받다)

цусны шинжилгээ	피검사
шээсний шинжилгээ	소변검사
шинжилгээний хариу	검사결과

өвчтөн (환자)

Тариулах	주사맞다
ЭХО – д харуулах	초음파검사
халуурах	열나다
хавдах	붓다

эрхтэн (기관)

зүрх	심장
бөөр	신장
ходоод	위장

уушиг	폐
цөс	쓸개
элэг	간장
нойр булчирхай	췌장
бүдүүн гэдэс	대장
нуруу	등
яс	뼈

문제 풀기

I. 다음 보기와 같이 -х хэрэгтэй, -х хэрэггүй를 이용하여 문장을 완성하시오.

보기≫

Багш хүн /сайн заах/
Багш хүн сайн заах хэрэгтэй.

1. Ядарсан хүн /сайн амрах/
   –
2. Өвдсөн хүн /эм уух/
   –
3. Залуу хүн /сайн сурах/
   –
4. Ах хүн /дүүдээ туслах/
   –
5. Дулмаад энэ ном байгаа учраас ном /авах/
   ______________________________ .
6. Дүүд би мөнгө өгсөн учраас та мөнгө /өгөх/
   ______________________________ .
7. Гадаа бороо орохгүй байна. Шүхэр /авах/
   ______________________________ .

Ⅱ. 다음 보기와 같이 –вал⁴를 이용하여 문장을 완성하시오.

보기≫

> Энд сууж болохгүй. /хувцас муухай болно/
> → *Энд суувал хувцас муухай болно.*

1. Энэ сүүг ууж болохгүй. /гэдэс өвдөнө/

2. Хэвтэж ном уншиж болохгүй. /нүд муудна/

3. Их унтаж болохгүй. /толгой өвдөнө/

4. Удаан алхаж болохгүй. /Хөл өвдөнө/

5. Машин ирнэ. /явна/

Ⅲ. 다음의 몽골어를 우리말로 옮기시오.

1. Хямдхан бол заавал аваарай.
   →
2. Цөөхөн бол авах хэрэггүй.
   →
3. Энэ гуталнууд таарахгүй бол өөр дэлгүүрлүү явъя
   →
4. Надаа чихэр өгөхгүй бол би хоол идэхгүй.
   →
5. Өнөөдөр зах явах хэрэгтэй.
   →

Ⅳ. 다음의 우리말을 몽골어로 옮기시오.

1. 오늘 일찍 집에 돌아가야 한다.
   →
2. 그 사람을 만날 필요 없다.
   →

3. 오빠가 오면 너 나한테 이야기해라.

→

4. 내일 시간 있으면 만납시다.

→

5. 눈이 많이 오면 올 필요 없다.

→

단어 익히기

• эрт	일찍
• ядрах	피곤하다
• сүү	우유
• хэвтэх	눕다
• нүд	눈
• муудах	나빠지다
• алхах	걷다
• хөл	다리
• цөөхөн	적다
• таарах	맞다
• өөр	다르다, 다른
• чихэр	사탕
• туслах	돕다

Хичээл

22 Ямар хэргээр ирсэн бэ?

А : Ямар хэргээр ирсэн бэ?
야마르 헤르게-르 이르승 베

Б : Туяа багштай уулзахаар ирсэн.
토야 박쉬태 오-올자하-르 이르승

А : Түр хүлээгээрэй. Хичээл дуустал багш гарч ирэхгүй.
투르 훌레-게-레 히체-엘 도-쓰탈 박쉬 가르치 이레흐귀

Б : За.
자

А : Багшийг гарч иртэл тэнд суугаад хүлээгээрэй.
박시-끄 가르치 이르텔 텐드 소-가-뜨 훌레-게-레

А : Аав хэзээ ирэх вэ?
아-우 헤제- 이레흐 웨

Б : Маргааш ирнэ гэсэн.
마르가-쉬 이른 게승

А : Хэн тэгж хэлсэн бэ? Надад өнөөдөр ирнэ гэж хэлсэн.
헹 텍찌 힐승 베 나따드 우느-드르 이른 게찌 힐승

Б : Батаа ах тэгж хэлсэн.
바타- 아흐 텍치 힐승

A : 어떤 일로 오셨어요?
B : 토야 선생님을 만나러 왔어요.
A : 잠시 기다려주세요. 수업이 끝날 때까지 선생님께서는 안 나오십니다.
B : 알았습니다.
A : 선생님이 나오실 때까지 저기 앉아서 기다리세요.

A : 아버지는 언제 오십니까?
B : 내일 오신다고 했습니다.
A : 누가 그렇게 말했습니까? 나에게는 오늘 오신다고 하셨어요.
B : 바타 오빠가 그렇게 말했습니다.

문법 따라잡기

◆ 동사어간+-тал[4]

동사어간에 -тал[4]를 연결하여 어떤 동작, 행위가 어떤 명확한 시간까지 계속 진행되고 있음을 나타내는 경우에 사용한다. 한국어의 '-할 때까지, -될 때까지'와 대응된다.

Чамайг дуудтал битгий гараарай.　너를 부를 때까지 나오지 마라.
차매끄　도-뜨탈　비트기-　가라-레

Хоол болтол хүлээгээрэй.　음식이 다 될 때까지 기다리세요.
허-얼　벌털　훌레-게-레

※동사어간에 -тал[4]를 연결하여 '-하자'의 의미를 나타내기도 한다.

Намайг очтол тэд явцгаасан.
나매끄　어치털　테드　야브츠가-승
내가 가자(마자) 그들이 흩어졌다.

Гэрт орж иртэл амттай хоолны үнэр гарав.
게르트　어르찌　이르텔　암트태　허-얼르니　우네르　가랍
집에 들어가자 맛있는 음식 냄새가 났다.

◆ яасан

동사 яах의 과거형 яасан은 회화체에서 감탄이나 이유를 나타내는 의미로 쓰이는 경우가 많다.

Яасан сайн юм бэ!
야승　생　욤　베
정말 잘 됐다.

Өчигдөр ирнэ гэсэн яасан бэ?
우칙드르　이른　게승　야승　베
어제 온다고 했었는데 어떻게 된 일이야?

알아두기

◆ гэ-

몽골어의 'гэ-' 동사는 'ярь-, хэл-'(이야기하다, 말하다)라는 기본 의미를 가지며 문장에서 다양한 의미와 기능으로 사용된다.

гэж(=гэ-+-ж)

직접 인용문 및 간접 인용문을 본 문장과 연결시키는 역할을 한다. 'гэж' 다음에는 보통 'хэлэх, ярих(이야기하다, 말하다), байх(하다)' 등의 동사가 사용된다.

"Маргааш хүйтэн болно" гэж хэлсэн. "내일 추워진다"라고 말했다.
마르가-쉬 휘텡 벌런 게찌 헬승

Энд тамхи татаж болохгүй гэж байна.
엔드 타미흐 타따찌 벌러흐귀 게찌 밴
여기서 담배 피우면 안 된다고 한다.

гэдэг(=гэ-+-даг^4), гэнэ(=гэ-+-на^4)

"гэдэг"와 "гэнэ"이 사람 또는 물건이 "~라는, ~라고 하다, ~라고 불리다"라는 의미를 나타낸다.

'Баяраа' гэдэг хүн ирсэн. 'бaяра' 라는 사람이 왔다.
바야라 게득 훙 이르승

Намайг Цэцэг гэдэг. 저는 체첵이라고 합니다.
나매끄 체첵 게득

Энэ хоолыг бууз гэдэг. 이 음식을 '보-즈'라 부른다.
엔 허-얼릭 보-즈 게덱

гэнэ(=гэ-+-на^4)

의미가 종결된 문장의 끝에 오게 되면 어떤 일에 대해서 간접적으로 전해 들었다는 의미를 나타낸다.

Тэмцээн хойшилсон гэнэ. 경기가 연기되었다고 합니다.
텝체-엥 허이실성 겐

Өнөөдөр бороо орно гэнэ. 오늘은 비가 온다고 합니다.
우느-드르 버러- 어른 겐

3단계

문제 풀기

I. 다음 보기와 같이 -тал⁴을 이용하여 문장을 완성하시오.

보기≫

Намайг тэр үгийг /хэлэх/ __________ бүгд инээлдсэн.
→ Намайг тэр үгийг _хэлтэл_ бүгд инээлдсэн.

1. Намайг /ирэх/ __________ хүлээгээрэй.

2. Хоол /гарах/ __________ энэ цайг ууна уу.

3. Хичээл /дуусах/ __________ хэн ч дуугарсангүй.

4. Найзыг чинь /ирэх/ __________ би хамт хүлээе.

5. Бороо /зогсох/ __________ гэртээ зурагт үзэв.

6. Гэртээ орж /ирэх/ __________ утас дугарав.

7. Монголд /очих / __________ их хүйтэн болов.

8. Гадаа /гарах/ __________ гэнэт бороо оров.

9. Ангийхантайгаа хоол идэхээр гуанз /орох/ __________ хоол дууссан байв.

10. Цонхоор /харах/ __________ цас орж байв.

Ⅱ. 다음 보기와 같이 문장을 만드시오.

보기≫

> Ээж : Маргааш хүйтэн болно.
> → Ээж "маргааш хүйтэн болно" гэж хэлсэн.

1. Аав : Хурдан гэртээ ороорой.

2. Ээж : Оройн хоолоо идээрэй.

3. Багш : Энийг бичээрэй.

4. Өвөө : Цай хийгээд өг.

5. Найз : Гараад ир.

Ⅲ. 다음 보기와 같이 완성하시오.

보기≫

> Дорж хоолоо идсэн.
> A : *Дорж хоолоо идсэн гэнэ.*
> B : *Дорж хоолоо идсэн гэж байна.*

1. Дорж сургуульдаа явсан.
   A :
   B :

2. Чоль Сү Америк явсан.
   A :
   B :

3. Ах цанын бааз явсан.
   A :
   B :

4. Эгч найз нартайгаа кино үзэхээр явсан.

A :

B :

5. Дулмаа маргааш Солонгос явна.

A :

B :

Ⅳ. 다음의 몽골어를 우리말로 옮기시오.

1. Дорж багштай уулзахаар ирсэн.

→

2. Хичээл дуустал багш гарч ирэхгүй.

→

3. Захирал гарч иртэл тэнд суугаад хүлээгээрэй.

→

4. Туяа надад нөгөөдөр ирнэ гэж хэлсэн.

→

5. “Маргааш хүйтэн болно” гэж хэлсэн.

→

Ⅴ. 다음의 우리말을 몽골어로 옮기시오.

1. 여기서 담배 피우면 안 된다고 합니다.

→

2. 집에 들어가자 맛있는 음식 냄새가 났습니다.

→

3. 그저께 온다고 했었는데 어떻게 된 일이야?

→

4. 저곳을 수흐바-타르 광장이라고 합니다.

→

5. 내일은 비가 온다고 합니다.

→

단어 익히기

- үнэр　냄새
- үнэртэх　냄새 맡다
- гараад ирэх　나오다
- бороо зогсох　비가 그치다
- инээх　웃다

Хичээл

23

Гэвч цагаан будаг маш бага байгаа.

A : Энэ ханыг яагаад цэнхэр
엔 하니끄 야가-드 쳉헤르

өнгөөр будсан бэ?
웅거-르 보뜨쏭 베

Цагаан өнгийн будаг
차가-앙 웅기-잉 보딱크

байхгүй юу?
배흐귀 요-

Б : Байгаа. Гэвч цагаан
배가- 겝치 차가-앙

будаг маш бага байгаа.
보딱크 마쉬 바크 배가-

A : Тэгвэл цагаан будаг
테그웰 차가-앙 보딱크

худалдаж аваарай.
호딸다찌 아와-래

Б : Тэгж болох боловч
텍찌 벌러흐 벌럽치

шалны өнгөтэй зохихгүй.
샬르니 웅그테 저히흐귀

A : Тэгвэл өөрөө мэдээд
테그웰 어-러- 미떼-드

будаарай.
보따-래

A : 이 벽을 왜 파란 색으로 칠했어? 하얀 페인트는 없어?
B : 있어. 하지만 하얀 페인트는 아주 조금 있어.
A : 그럼 하얀 페인트를 사와라
B : 그래도 되지만 마루 색깔과 어울리지 않아.
A : 그러면 알아서 칠해.

문법 따라잡기

◆ 동사 시제(주로 과거시제)+боловч

이전의 동작이나 행위에 대해 다음에 발생되는 동작이나 행위가 상반되게 행해질 때 사용된다. 주로 구어체에서 사용되며 한국어의 '~이었지만' 과 대응된다.

Шалгалтанд сайн бэлдсэн боловч өндөр оноо авч чадаагүй.
샬갈탄드 생 벨드승 벌럽치 운드르 어너- 아우치 차따-귀
시험 준비를 잘 했지만 높은 점수를 얻지 못했다.

Туяа энд ирсэн боловч надтай уулзсангүй.
토야 엔드 이르승 벌럽치 나뜨테 오-올즈상귀
토야가 여기 왔지만 나를 만나지 않았다.

◆ 동사어간+-вч

이전의 동작이나 행위에 대해 다음에 발생되는 동작이나 행위가 상반되게 행해질 때 사용된다. 주로 문어체에서 사용되며 한국어의 '~지만, ~이었지만' 과 대응된다.

Нар гаравч дулаарахгүй. 해가 뜨지만 따뜻해지지 않을 것이다.
나르 가랍치 돌라-라흐귀

Нар гаравч дулаарсангүй. 해가 떴지만 따뜻해지지 않았다.
나르 가랍치 돌라-르상귀

◆ Гэвч

-вч, боловч과 동일한 의미를 나타내지만 완전한 두 문장을 연결해 주는 접속사로 사용된다. 한국어의 '하지만' 에 대응된다.

Туяа энд ирсэн. Гэвч надтай уулзсангүй.
토야 엔드 이르승 겝치 나뜨테 오-올즈상귀
토야가 여기에 왔다. 하지만 나와 만나지 않았다.

Нар гарсан. Гэвч дулаан болсонгүй.
나르 가르상 겝치 돌라-앙 벌성귀
해가 떴다. 하지만 따뜻해지지 않았다.

2단계

알아두기

◆ Өнгө

Чи ямар өнгөнд дуртай вэ? 너는 어떤 색을 좋아하니?
치 야마르 웅근드 도르태 웨

Ямар өнгийн цүнх авах вэ? 무슨 색 가방을 살겁니까?
야마르 웅기-잉 충흐 아와흐 웨

Ямар өнгийг авах вэ? 무슨 색으로 사실겁니까?
야마르 웅기-그 아와흐 웨

хар	검정색	улаан	빨간색
хөх	하늘색	цэнхэр	파란색
шар	노란색	улбар шар	주황색
цагаан	흰색	ягаан	분홍색
ногоон	초록색	саарал	회색
бор	고동색	хүрэн	갈색

3단계

문제 풀기

Ⅰ. 다음 보기와 같이 –вч, боловч를 이용하여 문장을 완성하시오.

보기≫ Туяа энд /ирэх/ *ирсэн боловч* надтай уулзсангүй.

1. Би хоолоо /хийх/ ______________ идэж чадсангүй.

2. Ажлаа хийж /дуусгах/ ______________ гэртээ орхисон байв.

3. Туяа энэ өмдийг худалдаж /авах/ ______________ өмсөөгүй.

4. Би англи хэл /сурах/ ______________ ярьж чадахгүй.

5. Дүүдээ дуу зааж /өгөх/ ______________ сураагүй.

Ⅱ. 다음 보기와 같이 완성하시오.

보기≫ Би хоол идсэн. Гэвч *цадсангүй.*

1. Өнөөдөр миний төрсөн өдөр. Гэвч ________________ .
2. Би дуу дуулсан. Гэвч ________________ .
3. Эгч Монголд таван жил болоод ирсэн.
   Гэвч ________________ .
4. Манайд зочид их ирсэн. Гэвч миний ________________ .
5. Монголчууд мах иддэг. Гэвч Батаа ________________ .

Ⅲ. 다음의 몽골어를 우리말로 옮기시오.

1. Тэр ширээг яагаад цагаан өнгөөр будсан бэ?
   →
2. Манайд шар өнгийн будаг байхгүй.
   →
3. Танайд цэнхэр өнгийн будаг байгаа юу?
   →
4. Ямар өнгийн будаг худалдаж авах вэ?
   →
5. Энд ногоон будаг их байна.
   →

Ⅳ. 다음의 우리말을 몽골어로 옮기시오.

1. 집을 어떤 색으로 칠합니까?
   →
2. 창문은 하얀색으로 칠하세요.
   →
3. 문을 파란색으로 칠하면 잘 어울립니다.
   →

4. 시험 준비를 잘 했지만 높은 점수를 얻지 못했습니다.

→

5. 누나가 여기에 왔다. 하지만 나와 만나지 않았다.

→

단어 익히기

• бэлдэх	준비하다
• оноо	점수
• өмсөх	입다
• заах	가르치다
• төрсөн өдөр	생일
• өнгө	색
• будаг	잉크, 페인트
• маш	아주, 매우
• бага	조금
• шал	마루, 바닥
• зохих	어울리다
• орхих	두다
• өөрөө	자기, 스스로
• дуу дуулах	노래 부르다
• алга таших	박수 치다

Хичээл

24 Чамайг ярингуут би шууд гарна.

А : Өнөөдөр ажил чинь
우느-두르 아질 친
хэдээс тарах вэ?
헤떼-쓰 타라흐 웨

Б : 6- аас тарна. Тарангуут
조르가가-쓰 타른 타랑고-트
утсаар ярья.
오차-르 야리

А : Тэгээрэй.
테게-레
Чамайг ярингуут би
차매끄 야링고-트 비
шууд гарна.
쇼-트 가른

А : Та нар хэзээ хөдлөх вэ?
타 나르 헤제- 후뜰루흐 웨

Б : Бороо зогсмогц
버러- 적쓰먹츠
хөдөлнө.
후뜰른

А : Туяа та хоёр яаж
토야 타 허여르 야찌
танилцсан бэ?
타닐츠승 베

Б : Бид хоёр шинэ жилийн
비드 허여르 신 질리-잉
үдэшлэг дээр танилцсан.
우데쉴렉 데-르 타닐츠승

А : Тийм үү?
티-무-

Б : Тийм. Туяа надтай хамт
티-임 토야 나뜨태 함트
бүжгийн тэмцээнд
부지기-잉 템체-엥드
оролцсон. Та Туяаг яаж
어럴츠승 타 토야끄 야찌
мэддэг юм бэ?
멧덱 욤 베

А : Би өчигдрийн уулзалтан
비 우칙드리-잉 오-올잘탄
дээр тааралдсан.
데-르 타-랄드승

A : 오늘은 일이 몇 시에 끝나니?
B : 6시에 끝난다. 끝나자마자 전화할께.
A : 그래라.
네가 전화하자마자 내가 나갈께.

A : 너희들은 언제 출발하니?
B : 비가 그치는 대로 출발한다.

A : 토야와 당신, 둘은 서로 어떻게 알게 되었습니까?
B : 우리는 송년 파티에서 만났습니다.
A : 그래요?
B : 네. 토야는 나와 함께 댄스 경연대회에 참가했습니다.
당신은 토야를 어떻게 압니까?
A : 나는 어제 모임에서 만나게 되었습니다.

문법 따라잡기

◆ 공동태(동사어간+-лц)

동사어간에 -лц 어미를 연결하여 해당 동작이나 행위를 몇몇의 행위주가 서로 함께 또는 공동으로 협력하여 행하는 의미를 나타낸다. 한국어의 '(함께) ~하다'에 대응한다.

орох 들어가다 – оролцох 참가하다
хэлэх 말하다 – хэлэлцэх 협의하다

Ээжтэй хамт хоол хийлцсэн.
에-찌테 함트 허-얼 힐-츠승
어머니와 함께 요리를 하였다.

Би энэ хүнтэй үдэшлэг дээр танилцсан.
비 엔 훈테 우데쉴렉 데-르 타닐츠승
나는 이 사람과 파티에서 알게 되었다.

◆ 상호태(동사어간+-лд)

동사어간에 -лд 어미를 연결하여 해당 동작이나 행위를 두 사람이 서로 상호 대립하여 행하는 의미를 나타낸다. 한국어의 '(서로) ~하다'에 대응한다.

барих 잡다 – барилдах 씨름하다
тэмцэх 경쟁하다 – тэмцэлдэх 서로 경쟁하다

Би саяа эгчтэй тааралдсан.
비 사이 에그치테 타-랄드승
나는 최근 언니와 마주쳤다.

Тэр хоёр хүүхэд зодолдож байна.
테르 허여르 후-흐 저덜더찌 밴
저 두 아이가 서로 싸우고 있다.

알아두기

◆ -магц⁴

동사 어간에 -магц(-могц, -мэгц, -мөгц)를 연결하여 어떤 동작이나 행위가 행해진 후 즉시 다른 동작이나 행위가 행해지는 것을 나타낸다. 이것은 한국어의 '–자/–자마자' 와 대응된다.

Гэртээ харьмагц унтсан. 집에 돌아가자마자 잤다.
게르테- 하리막츠 온트상

Кино эхэлмэгц хүмүүс чимээгүй болов.
키노 에헬멕츠 후무-쓰 치메-귀 벌럽
영화가 시작하자마자 사람들이 조용해졌다.

Бороо ормогц гэртээ орсон. 비가 오자마자 집에 들어갔다.
버러- 어르먹츠 게르테- 어르승

Хувцсаа өмсмөгц шууд гарсан. 옷을 입자마자 바로 나갔다.
홉츠사- 움스묵츠 쇼-뜨 가르승

◆ -нгуут²

동사 어간에 -нгуут(-нгүүт)를 연결하여 어떤 동작이나 행위가 행해진 후 바로 잇달아 순차적으로 다음 동작이나 행위가 행해지는 것을 나타낸다. 이것은 한국어의 '–자/–자마자' 와 대응된다.

※ -магц⁴와 -нгуут²는 거의 유사한 의미로 서로 대체해 사용할 수 있는데 -нгуут²가 구어체에서 더 많이 사용된다.

Захиа авангуут хариу бичсэн.
자하 아왕고-트 하료 비치승
편지를 받자마자 답장을 썼다.

Хоолоо идэнгүүт шүдээ угаасан.
허-얼러- 이등구트 슈데- 오가-승
밥을 먹자마자 양치질을 했다.

문제 풀기

Ⅰ. 다음 보기와 같이 완성하시오.

보기≫ Аавыг /ирэх/ *ирэнгүүт* ээж ажилдаа явав.

1. Бороо /орох/ ______________ хүмүүс гүйлдэв.
2. Батааг сургуулиас /ирэх/ ______________ захруу явуулна.
3. Гэрэл /унтрах/ ______________ үзэгчид хашгирав.
4. Кино /дуусах/ ______________ хүмүүс танхимаас гарав.
5. Хоол /дуусах/ ______________ үйлчлэгчийг дуудав.

Ⅱ. 다음 보기와 같이 문장을 완성하시오.

보기≫ Ах, дүү, хамт, захиа, бичих
→ *Ах дүү тэй хамт захиа бичилцэв.*

1. Би, ээж, их удаан, ярих

2. Ах, би, хоол, хийх

3. Найз, би, кино, орчуулах

4. Батаа, найз, хамт, би, ажил, хийх

5. Дорж, энэ, зураг, багш, хамт, зурах

Ⅲ. 다음 보기와 같이 문장을 바꾸시오.

보기≫

Хүүхдүүд бүгдээрээ гэрлүүгээ гүйв.
→ *Хүүхдүүд бүгдээрээ гэрлүүгээ гүйлдэв.*

1. Сургууль дотор хашгирч болохгүй.
2. Хүүхдүүд гэнэт уйлж эхлэв.
3. Эмнэлэг дотор гүйж болохгүй.
4. Ангнд шуугиж болохгүй.
5. Бидний санал зөрсөн.

Ⅳ. 다음의 몽골어를 우리말로 옮기시오.

1. Та нар хэзээ дууны тэмцээнд оролцсон бэ?
→
2. Би Туяатай өнгөрсөн жил монголд танилцсан.
→
3. Ирэх жилийн 4-н сард Туяа Доржтой хамт бүжгийн тэмцээнд оролцохоор Герман явна.
→
4. Би улаан өнгийн цүнх худалдаж авмаар байна.
→
5. Энэ чиний гуталтай зохихгүй байна.
→

Ⅴ. 다음의 우리말을 몽골어로 옮기시오.

1. 친구와 같이 일을 했습니다.
→
2. 나는 영어를 배우고 싶어요.
→

3. 지금 우리 동생은 외국에서 공부하고 있습니다.

→

4. 아버지는 회사에서 안 돌아오셨습니다.

→

5. 영화가 시작하자마자 사람들이 조용해졌다.

→

단어 익히기

- оролцох — 참석하다, 참가하다
- хэлэлцэх — 서로 이야기하다
- үдэшлэг — 파티
- танилцах — 서로 소개하다
- барилдах — 씨름하다
- тэмцэх — 경쟁하다
- зодолдох — 서로 싸우다
- шүдээ угаах — 양치질하다
- хашгирах — 소리지르다
- унтрах — 끄다
- танхим — 강당
- үйлчлэгч — 종업원
- орчуулах — 번역하다, 통역하다
- тэврэх — 안다
- зөрөх — 반대하다
- тарах — 흩어지다
- хөдлөх — 움직이다, 출발하다
- шууд — 바로

Хичээл

25 Нэг хүүхдэд хэдэн харандаа оноогдох вэ?

А : Нэг хүүхдэд хэдэн
네그 후-흔테드 헤뜽
харандаа оноогдох вэ?
하른다- 어너-끄더흐 웨

Б : Хүүхэд бүрт 3 харандаа
후-흘 부르트 고르왕 하른다-
оноогдоно.
어너끄떤

А : Энд харандаа дутуу байна.
엔드 하른다- 도토- 밴

Б : Тэгвэл багшийн өрөөнөөс
테그웰 박싱- 우러-너-쓰
авцгаагаарай.
압츠가-가-레-

А : Багшийн өрөөнд харандаа
박싱- 우런-드 하른다-
харагдахгүй байна.
하락다흐귀 밴

A : 아이 한명당 연필 몇 자루씩 나누어 줄까요?
B : 아이마다 연필 3자루씩 나누어 줍니다.
A : 여기 연필이 모자라요.
B : 그럼 선생님 방에서 가져가세요.
A : 선생님 방에 연필이 보이지 않습니다.

문법 따라잡기

◆ 피동태(동사어간+-гд)

동사 어간에 -гд어미를 연결하여 동작주가 어떤 동작의 대상이 되어 그 작용을 받게 되는 관계를 나타낸다. 한국어의 '~하여지다, ~되어지다' 에 대응한다.

Туяа өчигдөр ажлаас халагдсан.
토야 우칙드르 아질라-쓰 할락드승
토야는 어제 해고되었다.

Хальтарч унаад өмд урагдсан.
할타르치 오나-드 움드 오락드승
미끄러져서 바지가 찢어졌다.

◆ 동사어간+-цгаа⁴

해당 동작이나 행위를 여러 사람이 동시에 행한다는 의미를 나타낸다. 한국어의 '~들 하다' 에 대응한다.

Сайн байцгаана уу. 생 베츠가-노-	안녕들 하세요.
Хурдан унтацгаа. 호르당 온타츠가-	빨리들 자라.

※ 보통 '동사어간+-цгаа⁴+시제어미, 명령어미' 형태로 연결하여 사용한다.

Тэд өглөөний онгоцоор явцгаасан.
테드 우글러-니- 엉거처-르 얍츠가-승
그들은 아침 비행기로 갔다.

Шалгалтаа сайн өгцгөөгөөрэй.
샬갈타- 생 욱츠거-거-레
시험 잘들 봐라.

알아두기

◆ 약어풀이

약어	풀이	의미
АН	Ардчилсан Нам	민주당
АУИС	Анагаах Ухааны Их Сургууль	의과대학교
АНУ	Амеркийн Нэгдсэн Улс	미국
БНСУ	Бүгд Найрамдах Солонгос Улс	대한민국
ГИБМА	Гадаад Иргэний Бүртгэл Мэдээллийн Алба	외국인등록정보처
ДС	Дулааны Станц	난방관리청
ИБМУТ	Иргэний Бүртгэл Мэдээллийн Улсын Төв	주민등록정보센터
ХХТ	Хүүхэд Хөгжлийн Төв	어린이육성센터
ЗГ	Засгийн Газар	정부
ЗДТГ	Засаг Даргын Тамгын Газар	구청
ЗЦГ	Замын Цагдаагийн Газар	교통경찰구
МАХН	Монгол Ардын Хувьсгалт Нам	몽골인민혁명단
МИАТ	Монголын Иргэний Агаарын Тээвэр	몽골항공
МТЗ	Монголын Төмөр Зам	몽골철도
МУИС	Монгол Улсын Их Сургууль	몽골국립대학교
МТ	Монгол Телеком	몽골전기통신
МҮТВ	Монголын Үндэсний Телевиз	몽골방송
НЯБО	Нягтлан бодогч	회계사, 경리
НӨТ	Нэмүү Өртгийн Татвар	부가가치세
СУИС	Соёл Урлагийн Их Сургууль	예술대학교
ЭСЯ	Элчин Сайдын Яам	대사관
ТЕГ	Тагнуулын Ерөнхий Газар	중앙정보처
УБ	Улаанбаатар	울란바타르
УИД	Улсын Их Дэлгүүр	국영백화점
УИХ	Улсын Их Хурал	국회
ХК	Хувьцаат Компани	주식회사
ХУИС	Хүмүүнлэгийн Их Сургууль	인문대학교
ХХК	Хариуцлагатай Хувьцаат Компани	유한책임회사

ХХК	Хариуцлагатай Хувьцаат Компани	유한책임회사
ЦШСГ	Цахилгаан Шугам Сүлжээний Газар	전기관리청
ЦЕГ	Цагдаагийн Ерөнхий Газар	경찰청
ШТС	Шатахуун Түгээх Станц	주유소
ШУТИС	Шинжлэх Ухаан Техникийн Их Сургууль	과학기술대학교
ЭМЯ	Эрүүл Мэндийн Яам	보건복지부

문제 풀기

Ⅰ. 다음 동사를 보기와 같이 바꾸어 알맞은 것을 골라 1-4에 넣으시오.

보기≫ үзэх – *үзэгдсэн*

хийх – ________________
харах – ________________
барих – ________________
урах – ________________
бичих – ________________
урих – ________________

1. Энэ хэзээ ________________ машин бэ?
2. Тэр өндөр байшин энэ жил ________________ сан.
3. Дүү төрсөн өдрийн баярт ________________ сан.
4. Энэ өмд ________________ байна.

Ⅱ. 다음 보기와 같이 문장을 바꾸시오.

보기≫ Бүгдээрээ ажилдаа явав. → Бүгдээрээ ажилдаа *явцгаав.*

1. Хүүхдүүд хичээлдээ явсан.
→

2. Манай гэрийнхэн 7 цагт оройн хоолоо идсэн.
→

3. Залуучууд бүгд уул руу явсан.

→

4. Ах эгч хоёр хичээлээсээ хоцорлоо гээд гүйв.

→

5. Аав ах хоёр өглөө эрт ажилтай гээд эрт унтав.

→

Ⅲ. 다음의 몽골어를 우리말로 옮기시오.

1. МУИС хаана байдаг вэ?

→

2. Би энэ жил СУИС төгссөн.

→

3. Хүүхдүүд бүгдээрээ анги руу явсан.

→

4. Сүхбаатрын талбайн дунд байгаа барилга засгийн газрын ордон.

→

5. Манай ах АУИС-ийн 4-р анги.

→

Ⅳ. 다음의 우리말을 몽골어로 옮기시오.

1. 아버지께서는 어제 직장에서 해고되셨다.

→

2. 그들은 저녁 비행기로 몽골에 간다.

→

3. 형과 동생 둘 다 의과대학에 입학했습니다.

→

4. 우리 식구는 아침 6시에 아침 식사를 한다.

→

5. 몽골항공의 전화번호은 몇 번입니까?

→

단어 익히기

- халах　　해고하다
- урах　　찢다
- барих　　잡다
- урих　　초대하다
- дутуу　　모자라다

Хичээл 26

Энэ ажлыг хэнээр хийлгэх вэ?

A : Энэ ажлыг хэнээр
엔 아질리끄 헤네-르
хийлгэх вэ?
히-일게흐 웨

Б : Батаар хийлгэ. Тэгээд
바타-르 히-일리끄 테게-드
Саруулаар шалгуул.
사로-올라-르 샬고-올

A : Батыг одоо зах явуулна.
바타-끄 어떠- 자흐 야올른
Туяагаар хийлгэх үү?
토야가-르 히-일게후-

Б : Тэг тэг.
텍 텍

A : Өнөөдөр бороо орох юм
우느-드르 버러- 어러흐 윰
шиг байна.
식 밴
Та нар хэзээ хөдлөх вэ?
타 나르 헤제- 후들르흐 웨

Б : Тийм. Их орж магадгүй.
티-임 이흐 어르찌 마가뜨귀
Өнөөдөр бороо орвол явж
우느-드르 버러- 어르월 야우찌
чадахгүй шинжтэй.
차따흐귀 신지테

A : Тэг тэг. Бороо орох үед
텍 텍 버러- 어러흐 우이드
явбал их ядрах байх.
얍빨 이흐 야뜨라흐 배흐

A : 이 일을 누구에게 시킬까요(누구로 하여금 하게 할까요)?
B : 바트에게 시켜라. 그리고 사롤에게 검사 받게 해라.
A : 바트를 지금 시장에 보내려고 합니다. 토야에게 시킬까요?
B : 그래.

A : 오늘은 비가 올 것 같아요. 당신들은 언제 떠납니까?
B : 네. 많이 올지도 몰라요. 오늘 비가 오면 못 갈 것 같아요.
A : 그래요. 비 올 때 가면 고생 많을 것 같아요.

문법 따라잡기

◆ 사동태

동작, 행위의 주인인 자신 스스로 동작을 행하는 것이 아니라 다른 행위자에게 동작을 행하게 하는 것을 나타낸다. 한국어의 '~하게 하다, ~하게 시키다' 에 대응한다.

Эгчээр сонирхолтой ном уншуулсан.
에그체-르 서니르헐테 넘 온쇼-올상
언니로 하여금 재미있는 책을 읽게 했다.

Дүүгээр Англи хэлний хичээл заалгасан.
두-게-르 앙길 헬르니- 히체-엘 자-알가승
동생으로 하여금 영어를 가르치게 했다.

사동태는 아래와 같은 여러 가지 사동태 어미를 동사어간에 연결하여 나타낸다.

-уул/-үүл

단모음이나 자음으로 끝나는 동사어간에 연결한다.

яв – явуул

Батыг явуул. 바트를 보내라(바트가 가게 해라).
바티-끄 야오-올

단모음으로 끝나는 동사 어간에 연결시킬 때에는 그 동사 어간의 단모음은 생략하고 연결시킨다.

хүргэ – хүргүүл

Гэртээ ахаар хүргүүл. 집에 오빠가 데려다 주게 해라.
게르테- 아하-르 후르구-울

또한 동사의 어간이 ь로 끝나는 단어에 연결시키게 되면 ь는 и로 바뀌고 -уул/-үүл의 앞의 모음 하나가 생략되어 -иул/-иүл의 형태로 사용된다.

барь – бариул

Эрвэйхээг дүүгээр бариул. 동생이(동생으로 하여금) 나비를 잡게 해라.
에르웨헤-끄 두-게-르 바리올

-лга(-лгэ, -лго, -лгө)

장모음이나 이중모음으로 끝나는 동사어간에 연결한다.

суу – суулга

Зочдыг суулга. 손님들을 앉게 해라.
저치디-끄 소-올라끄

-га(-гэ, -го, -гө)

-р, -л, -с, -т 자음으로 끝나는 동사어간에 연결한다.

өмс – өмсгө

Дүүгийн хувцсыг өмсгө. 동생이 옷을 입게 해라.
두-깅- 홉츠씨-끄 움쓰끄

-аа(-ээ, -оо, -өө)

동사어간이 단모음으로 끝나는 적은 수의 단어에 연결한다.

тар – тараа

Цугларсан хүмүүсийг тараа. 모인 사람들을 흩어지게 해라.
초글라르상 후무-씨-끄 타라-

2단계

알아두기

몽골어에는 추측을 나타내는 다음과 같은 4가지 표현이 구어체에서 많이 사용된다. 그 중 (1), (2)는 막연한 추측을 나타내며 (3), (4)는 좀 더 구체적인 근거나 증거가 존재할 경우의 추측을 나타낸다.

(1) -ж+магадгүй(~할지도 모른다)
동작이나 행위가 일어날 가능성을 나타낸다.

Энэ тэмцээнд Заяа түрүүлж магадгүй.
엔 템체-엔드 자야 투루-울찌 마가뜨귀

이 경기에서 자야가 이길지도 몰라요.

Өнөөдөр бороо орж магадгүй
우느-드르 버러- 어르찌 마가뜨귀

오늘은 비가 올지도 모릅니다.

(2) -х, -сан⁴+байх(~할 겁니다/~할 것 같다)

말하는 사람의 추측을 나타낸다.

Өнөөдөр бороо орох байх. 오늘은 비가 올 거예요.
우느-드르 버러- 어러흐 배흐

Ээж гэрт ирсэн байх. 어머니는 집에 오셨을 거예요.
에-찌 게르트 이르승 배흐

(3) юм шиг+байна(~것 같다)

말하는 사람의 추측을 나타낸다.

Тэр хүн ирэх юм шиг байна. 그 사람이 올 것 같아요.
테르 훙 이레흐 욤 식 밴

Тэр хүн ирсэн юм шиг байна. 그 사람이 온 것 같아요.
테르 훙 이르승 욤 식 밴

Тэр хүн ирж байгаа юм шиг байна. 그 사람이 오는 것 같아요.
테르 훙 이르찌 배가- 욤 식 밴.

Энэ ахын түрийвч юм шиг байна. 이것은 오빠의 지갑 같아요.
엔 아힝 투리-입치 욤 식 밴

Энэ хоол амттай юм шиг байна. 이 음식은 맛있을 것 같아요.
엔 허-얼 암트태 욤 식 밴

Батын эгч хөөрхөн юм шиг байна. 바트 언니는 예쁠 것 같아요.
바팅 에그치 후-르흥 욤 식 밴

(4) -х, -сан⁴+шинжтэй(~것 같다)

말하는 사람의 추측을 나타낸다.

Энэ тэмцээнд Заяа түрүүлэх шинжтэй.
엔 템체-엔드 자야 투루-울레흐 신지테

이 경기에서 자야가 이길 것 같아요.

Энэ тэмцээнд Заяа түрүүлсэн шинжтэй.
엔 템체-엔드 자야 투루-울승 신지테

이 경기에서 자야가 이긴 것 같아요/이긴 모양이다.

문제 풀기

Ⅰ. 다음 보기와 같이 //의 동사를 변형시켜 문장을 완성하시오.

보기≫

Ах бууз амттай хийдэг. Тийм учраас /хийх/ *ахаар бууз хийлгэ.*

1. Эмээ таны гар өвдөнө. Тийм учраас ахаар /хийх/ _______________ .
2. Өвөө харахгүй байх. Тийм учраас дүүгээр /унших/ _______________ .
3. Эгч гоё оёдог. Тийм урчраас эгчээр /оёх/ _______________ .
4. Ахаа таны нуруу гэмтэнэ. Тийм учраас тэр хүнээр /авах/ _______________ .
5. Ээж ядрана. Тийм учраас эгчээр /цэвэрлэх/ _______________ .

Ⅱ. 다음 보기와 같이 문장을 바꾸시오.

보기≫

Өнөөдөр найзтайгаа кино үзнэ.
→ *Өнөөдөр найзтайгаа кино үзэж магадгүй.*
→ *Өнөөдөр найзтайгаа үзэх байх.*

1. Ах орой ирнэ.
→
→

2. Хүмүүс ирэхгүй.
→
→

3. Би маргааш завтай учраас очно.
→
→

4. Гоё өнгөтэй учраас хүмүүс худалдаж авна.

→

→

5. Их хол учраас хоцорно.

→

→

6. Гадаа хүйтэн байх.

→

→

Ⅲ. 다음의 몽골어를 우리말로 옮기시오.

1. Шөнө бороо их орсон юм шиг байна.

→

2. Маргааш ажил их болох юм шиж байна.

→

3. Энэ том цүнх ээжид хэрэгтэй байж магадгүй.

→

4. Дүүгийнхээ хувцсыг өмсгө.

→

5. Дүүгээ өндөр сандал дээр суулга.

→

Ⅳ. 다음의 우리말을 몽골어로 옮기시오.

1. 형이 새를 잡게 해라.

→

2. 고기 사러 누구를 가게에 보낼까요?

→

3. 내일 선생님도 오실 것 같아요.

→

4. 내일은 비가 올지도 몰라요.

→

5. 이 경기에서 더르찌가 이길 것 같아요

→

단어 익히기

- хүргэх　데려다 주다
- барих　잡다
- бариулах　잡게하다
- оёх　바느질하다
- гэмтэх　다치다
- шалгах　확인하다
- цугларах　모이다
- засах　고치다

Хичээл 27

Энэ тоглолтын өмнө гарсан.

А : Одоо ямар тоглолт болох вэ?
어떠- 야마르 토글럴트 벌러흐 웨

Б : Уртын дууны тоглолт болно.
오르팅 도-니 토글럴트 벌른

А : Ардын бүжиг хэзээ гарах вэ?
아르딩 부찌끄 헤쩨- 가라흐 웨

Б : Энэ тоглолтын өмнө гарсан.
엔 토글럴팅 우믄 가르승

А : Уртын дуу дуулсны дараа юу байгаа вэ?
오르팅 도- 돌-쓰니 다라- 요- 배가- 웨

Б : Жүжиг байгаа.
주찌끄 배가-

А : Та энэ үйлдвэрт хэдэн жил ажилласан бэ?
타 엔 우일드웨르트 헤뜽 질 아질승 베

Б : Би 20 гаруй жил ажилласан.
비 허르 가로이 질 아질승

А : Анх энэ үйлдвэрт хэдэн хүн байсан бэ?
앙흐 엔 우일드웨르트 헤뜽 훙 배승 베

Б : Намайг анх ажилд ороход 10 орчим хүн байсан.
나매끄 앙흐 아질드 어르허드 아릅 어르침 훙 배승

А : Тэгвэл одоо их олон хүнтэй болжээ.
테그웰 어떠- 이흐 얼릉 훈테 벌제-

Б : Тийм. 20 жилийн турш олон хүн нэмэгдсэн.
티-임 허링 질리-잉 토르쉬 얼릉 훙 네멕드승

A : 지금은 어떤 공연 순서입니까?
B : 장가 공연을 합니다.
A : 전통 무용은 언제 나옵니까?
B : 이 공연 전에 나왔습니다.
A : 장가 공연 다음에는 무슨 공연이 있습니까?
B : 연극이 공연됩니다.

A : 당신은 이 공장에서 몇 년 일했습니까?
B : 저는 20년 넘게 일했습니다.
A : 처음에 이 공장에는 몇 명이 있었습니까?
B : 제가 입사할 때 10명 정도 있었습니다.
A : 그럼 지금 사람이 많아졌네요.
B : 그렇습니다. 20년 동안 사람이 많이 늘었습니다.

문법 따라잡기

◆ 시간과 공간을 나타내는 부사

몽골어에는 시간과 공간을 나타내는 다음과 같은 부사를 많이 사용한다.

(1) дараа
한국어의 '~다음에' 에 대응하는 시간적 의미를 나타낸다. 명사나 동사 다음에 사용할 수 있으며 선행 명사나 동사는 반드시 속격을 취한다.

Чиний дараа Болд ирсэн. 네 다음에 볼트가 왔다.
치니- 다라- 벌드 이르승

Хоолоо идсэний дараа дасгал хийнэ. 밥 먹은 다음에 운동을 한다.
허-얼러- 이뜨쓰니- 다라- 다스갈 히-인

(2) хойно
한국어의 '~뒤에' 에 대응하는 공간적 의미를 나타낸다. 명사 다음에 사용할 수 있으며 선행 명사는 속격을 취한다.

Гэрийн хойно морь байна. 집 뒤에 말이 있다.
게리-잉 허인 머르 밴

Сургуулийн хойно оюутны байр байдаг.
소르고-올링 허인 어요트니 배르 배득
학교 뒤에 기숙사가 있다.

(3) өмнө
한국어의 '~전에' 에 대응하는 시간적 의미를 나타낸다. 명사나 동사 다음에 사용할 수 있으며 선행 명사나 동사는 속격이나 탈격을 취한다.

Бороoны өмнө хүчтэй салхи салхилдаг.
버러-니 우믄 후치테 살리흐 살힐딱
비가 내리기 전에 강한 바람이 분다.

Шалгалт өгөхийн өмнө хичээлээ сайн давт.
샬갈트 우그히-잉 우믄 히첼-레- 생 답트
시험 보기 전에 공부를 많이 해라.

(4) хойш

한국어의 '~이후에(~뒤에)'에 대응하는 시간적 의미를 나타낸다. 명사 다음에 사용할 수 있으며 이때 선행 명사는 반드시 탈격을 취한다.

Өчигдрөөс хойш толгой өвдөж байна. 어제부터 머리가 아픕니다.
우칙드러-쓰 허이쉬 털거이 웁드찌 밴

Та үдээс хойш юу хийсэн бэ? 당신은 오후에 무엇을 하셨습니까?
타 우데-쓰 허이쉬 요- 히-승 베

알아두기

◆ 후치사

몽골어에는 관계되는 명사의 뒤에 위치하여 영어의 전치사와 같은 역할을 하는 다음과 같은 후치사가 많이 사용된다.

(1) төлөө(~을 위하여)

Эрүүл энхийн төлөө. 건강을 위하여(술자리에서 많이 씀)
에루-울 엥히-잉 툴러-

(2) орчим(~정도의, 가량의)

40 орчим насны хүн ирсэн. 40대 가량의 사람이 왔다.
두치 어르침 나스니 훙 이르승

(3) шахам(여,~에 가까운)

20 шахам хүн байна. 20여명이 있다.
허르 샤함 훙 밴

(4) турш(~동안)

Өдрийн турш бороо орлоо. 하루종일 비가 왔다.
우드리-잉 토르쉬 버러- 어롤러-

(5) тулд(~위하여)

Турахын тулд дасгал хийж байгаа. 살 빼기 위해 운동하고 있다.
토라힝 톨드 다스갈 히-찌 배가-

(6) хүртэл(~까지)

Улаанбаатраас Дархан хүртэл хэдэн км вэ?
올라-앙바-트라-쓰 다르항 후르텔 헤뜽 킬로메트르웨

올란바타르에서 다르항까지 몇 킬로입니까?

(7) байтугай(~커녕)

Надад 10000 байтугай 1000 төгрөг ч байхгүй.
나따드 아르왕 미양가 배토가이 미양강 투그럭 치 배흐귀

나한테 만원커녕 천원도 없다.

3 단계

문제 풀기

Ⅰ. 아래 주어진 단어들 중 알맞은 것을 고르시오.

보기≫ дараа, өмнө, хойш, хойно, тулд, төлөө

1. Би өглөөний цай уснаас ________________ юм идээгүй.
2. Оюутны байрны ________________ байдаг кафед хүлээж байна.
3. Унтахын ________________ заавал шүдээ угаах хэрэгтэй.
4. Өчигдөр зочид явсны ________________ Болд бид хоёр аяга таваг угаасан.
5. Хайртай хүнийхээ ________________ юу хийж чадах вэ?
6. Хөөрхөн болохын ________________ эрүүл байх хэрэгтэй.

Ⅱ. 다음 대화를 읽고 아래 주어진 단어들 중 알맞은 것을 고르시오.

보기≫ орчим, шахам, хүртэл, байтугай

Эгч : Сайн байна уу? Би Батаагын эгч байна.
Танайх өчигдөр хэдэн цаг ____________ хичээл хийсэн бэ?

Багш : 4-н цаг ____________ хийсэн.

Эгч : Хэдэн хүүхэд ирсэн бэ?

Багш : 20 __________ хүүхэд ирсэн байх.

Эгч : Хэдэн цаг хичээл хийсэн бэ?

Багш : 3 __________ цаг хичээл хийсэн.

Эгч : Өчигдөр Батаа шалгалт өгсөн үү?

Багш : Батаа өчигдөр шалгалт өгөх __________ сургуульдаа огт ирээгүй.

Ⅲ. 다음의 몽골어를 우리말로 옮기시오.

1. Нутаг руугаа хоёр жилийн өмнө өвөөтэйгөө хамт явснаас хойш очиж чадаагүй.
   →
2. Хоол идэхээс 30-н минутын өмнө эм ууна.
   →
3. Өөрийнхөө төлөө юу хийх хэрэгтэй вэ?
   →
4. Баян болохын тулд хичээнгүй ажиллах хэрэгтэй.
   →
5. Гадаад хэл сурахын тулд ярих дасгал их хийх хэрэгтэй.
   →

Ⅳ. 다음의 우리말을 몽골어로 옮기시오.

1. 2년 동안 몽골에서 공부했습니다.
   →
2. 너희 학교에는 외국 학생이 몇 명 정도 있니?
   →
3. 지금 돈이 얼마 정도 필요합니까?
   →
4. 모든 부모는 자식을 위해서 일하고 있습니다.
   →
5. 나는 미국에서 10년 동안 살았습니다.
   →

단어 익히기

- дасгал 연습, 운동
- морь 말
- салхи 바람
- салхилах 바람불다
- оюутны байр 기숙사
- кафе 카페
- огт 전혀
- нутаг 고향
- тоглолт 공연
- ардын бүжиг 전통 무용
- уртын дуу 장가, 몽골전통민요
- үйлдвэр 공장
- нэмэх 더하다
- эрүүл 건강
- хичээнгүй 열심히

Хичээл

28 Чи сургууль руугаа явна биз дээ.

А : Өнөөдөр ч сайхан өдөр байна шүү. Хоёулаа юу хийх вэ?
우느-드르 치 새흥 우드르 밴 슈- 허욜라- 요- 히-흐 웨

Б : Харин ээ. Чи сургууль руугаа явна биз дээ.
하리네- 치 소르고-올 로-가- 야운 비즈 데-

А : Үгүй. Маргааш явахаар болсон шүү дээ.
우귀 마르가-쉬 야와하-르 벌승 슈- 데-

Б : Кино үзэхээр явах уу?
키너 우제헤-르 야호-

А : Тэгье. Одоо халуун байгаа учраас орой гаръя.
테기 어떠- 할로-옹 배가- 오치라-쓰 어래 가리

Б : Ойлгосон. Чи л мэд.
어일럭승 치일 메뜨

А : Өрөөнөөс тамхины үнэр гарч байна. Та нар тамхи татсан уу.
우러-너-쓰 타미흐니 우네르 가르치 밴 타 나르 타미흐 타트쓰노-

Б : Үгүй, бид тамхи татаагүй.
우귀 비드 타미흐 타타-귀

А : Батын гарт байгаа юм тамхи биш үү?
바팅- 가르트 배가- 욤 타미흐 비슈-

Б : Уучлаарай, багшаа.
오-칠라-레 박샤-

А : Дахиж энд тамхи бүү татаарай.
다히찌 엔드 타미흐 부- 타타-래

Б : За.
자

А : Эрүүл мэндийнхээ төлөө тамхи битгий тат.
에루-울 멘딩헤- 퉅러- 타미흐 비트기- 타트

A : 오늘 정말 날이 좋네요. 둘이서 무엇을 할까요?
B : 글쎄. 너는 학교 가잖아.
A : 아니요. 내일 가기로 했잖아요.
B : 영화 보러 갈까?
A : 그래요. 지금은 더우니까 저녁에 나가요.
B : 알았어. 네 마음대로 해.

A : 방에서 담배 냄새가 난다. 너희들이 담배 피웠니?
B : 아니오, 우리가 담배 피우지 않았어요.
A : 바트 손에 있는 것은 담배 아니니?
B : 죄송합니다. 선생님.
A : 다시는 여기서 담배 피우지 마라.
B : 네.
A : 건강을 위해서 담배 피우지 마라.

문법 따라잡기

◆ 첨사

구어체에서 문장의 중간이나 뒤에 쓰여 화자의 견해나 태도를 나타낸다. 즉, 양태첨사는 문장이 뜻하는 사건에 대한 화자의 주의환기, 단언, 다짐, 확인 등의 다양한 의미를 가지며, 강조첨사는 선행어를 강조하는 의미를 갖는다.

(1) 양태첨사

-шүү(주의환기)

Надад бас нэг ном хэрэгтэй шүү. 나한테도 책 한 권이 필요해요.
나따드 바쓰 네끄 넘 헤렉테 슈-

-даа[4](다짐)

Дараа жил заавал түрүүлнэ дээ. 내년에는 꼭 이길 거야.
다라- 질 자-왈 투루-울른 데-

-шүү дээ(단언)

Би гэрийн даалгавраа хийсэн шүү дээ. 저는 숙제를 했는데요.
비 게리-잉 달-그와라- 히-승 슈- 데-

-биз(확인)

Маргааш хуралд ирнэ биз? 내일 회의에 올 거지?
마르가-쉬 호랄드 이른 비즈

-биз дээ(재확인)

Өнөөдөр нэгдэх өдөр биз дээ? 오늘은 월요일이지?
우느-드르 네그데흐 우드르 비즈 데-

(2) 강조첨사

-л(강조)

Өнөөдөр Бат л ганцаараа ирсэн. 오늘 바트만 혼자서 왔다.
우느-드르 바틀 간차-라- 이르승

-ч(강조)

Ганаа ч сайн хүн шүү. 가나도 정말 좋은 사람이다.
가나- 생 훈 슈-

(3) 부정첨사

몽골어의 부정은 다양한 부정첨사에 의하여 이루어진다. биш는 구어체에서 주로 사용되고 -л는 공식적인 표어나 문구에 주로 사용되며 эс는 문어체에서 주로 사용된다.

① 부정첨사(아니다, 않다)

-биш(구어체)

Өнөөдөр нэгдэх өдөр биш. 오늘은 월요일이 아니다.
우느-드르 네그데흐 우드르 비쉬

-үл(공식적인 표어나 문구)

Орж үл болно. 출입해서는 안 된다. (출입금지)
어르찌 울 벌른

Тамхи татаж үл болно. 담배를 피워서는 안 된다. (금연)
타미흐 타타찌 울 벌른

-эс(문어체)

Дарга эс зөвшөөрөв. 사장님이 허락하지 않으셨다.
다락 에쓰 좁쇼-릅

Түүний үгийг эс сонсжээ. 그의 말을 듣지 않았다.
투-니- 우기-그 에쓰 선스쩨-

몽골어의 부정명령, 즉 금지명령은 금지첨사 бүү와 битгий로 나타내는데 бүү는 공식적인 표어나 문구에 주로 사용되고 битгий는 구어체에서 주로 사용된다.

② 금지첨사(~지 마라)

-бүү(공식적인 표어나 문구)

Зүлгэн дээр бүү гишгэ. 잔디를 밟지 마시오.
줄겐 데-르 부- 기식

-битгий(구어체)

Архи битгий их уугаарай. 술 많이 먹지 마라.
아리흐 비트기- 이흐 오-가-래

알아두기

◆ 아이막

몽골의 행정단위의 아이막은 우리의 도에 해당된다.
21개의 아이막이 있고 그 하부기관으로는 솜과 박이 있다.

아이막	중심도시
Архангай аймаг	Цэцэрлэг хот
Баян Өлгий аймаг	Өлгий хот
Баянхонгор аймаг	Баянхонгор хот
Булган аймаг	Булган хот
Говь-Алтай аймаг	Алтай хот
Дорноговь аймаг	Сайншанд хот
Дорнот аймаг	Чойбалсан хот
Дундговь аймаг	Мандалговь хот
Завхан аймаг	Улиастай хот
Өвөрхангай аймаг	Арвайхээр хот
Өмнөговь аймаг	Даланзадгад хот
Сүхбаатар аймаг	Баруун –Урт хот
Сэлэнгэ аймаг	Сүхбаатар хот
Төв аймаг	Зуунмод хот
Увс аймаг	Улаангом хот
Ховд аймаг	Ховд хот
Хөвсгөл аймаг	Мөрөн хот
Хэнтий аймаг	Өндөрхаан хот
Говьсүмбэр аймаг	Чойр хот
Дархан –Уул аймаг	Дархан хот
Орхон аймаг	Эрдэнэт хот

문제 풀기

Ⅰ. 다음의 주어진 단어를 알맞게 골라 쓰시오.

보기≫ шүү, дээ, шүү дээ, биз, биз дээ

А : Би чамайг аавд хэлнэ ________________ !
В : За, за би одоо иднэ ________________ .

А : Энэ 'чадна' гэсэн үг.
В : Үгүй, энэ чинь 'чадахгүй' гэсэн үг ________________ .

А : Чи маргааш яг ирнэ ________________ ?
В : Ирнэ ээ.

А : Чи саяхан хоол идсэн ________________ ?
В : Тийм. Гэхдээ...

Ⅱ. 다음 보기와 같이 만드시오.

	бүү	битгий
보기 : унших	*бүү унш*	*битгий унш*
хог хаях		
залхуурах		
худал ярих		

Ⅲ. 다음의 몽골어를 우리말로 옮기시오.

1. Кино үзэхийн өмнө юу хийсэн бэ?
→
2. Өнөөдөр битгий кофе уугаарай.
→

3. Чи маргааш хамт явна биз дээ.

→

4. Энэ эмнээс нэгийг уухад болно биз?

→

5. Би пицца л идмээр байна.

→

Ⅳ. 다음의 우리말을 몽골어로 옮기시오.

1. 전통 무용은 언제 나옵니까?

→

2. 저는 이 회사에서 20년 넘게 일했습니다.

→

3. 엄마가 가지 말라고 하셨다.

→

4. 오늘은 월요일이 아닙니다.

→

5. 술 안 먹었지?

→

4단계

단어 익히기

• заавал	꼭
• түрүүлэх	우승하다, 이기다
• зөвшөөрөх	허락하다
• хог хаях	쓰레기를 버리다
• залхуурах	게으르다
• худал ярих	거짓말하다
• пицца	피자
• кофе	커피

Хичээл 29

Гэхдээ би энэ мөнгийг орой хэрэглэнэ.

А : Чамд зуун мянган төгрөг байгаа юу?
참드 조-옹 미양강 투그륵 배가- 요-

Б : Байгаа.
배가-

А : Тэгвэл надад зээлүүлээч. Надад яг одоо хэрэгтэй байна.
테그웰 나따드 제-엘루-울레-치 나따드 약 어떠- 헤렉테 밴

Б : Гэхдээ би энэ мөнгийг орой хэрэглэнэ.
게흐데- 비 엔 뭉기-끄 어래 헤레그른

А : Би өдөр хүнээс мөнгө авна. Тэгээд чамд өгье.
비 우드르 후네-쓰 뭉그 아운 테게드 참드 우기

Б : За за. Орой надад мөнгө заавал хэрэгтэй. Тийм учраас заавал өгөөрэй.
자 자. 어래 나따드 뭉그 자-왈 헤렉테 티-임 오치라-쓰 자-왈 우거-레

A : 너 십만 투그릭 있어?
B : 있어.
A : 그러면 나한테 좀 빌려 줄래. 나한테 지금 당장 필요해.
B : 그런데 나는 이 돈을 저녁에 써야 되는데.
A : 나는 낮에 다른 사람에게서 돈을 받아. 그리고 그 돈을 너에게 줄께.
B : 그래. 저녁에 나에게 돈이 꼭 필요해. 그러니까 꼭 돌려 줘.

문법 따라잡기

◆ 접속사

몽골어에는 다음과 같은 접속사가 많이 쓰인다.

гэвч, гэхдээ, харин (하지만, 그런데)

Энэ хувцсыг авмаар байна. 이 옷을 사고 싶어요.
엔 홉츠씨끄 아우마-르 밴

Гэвч мөнгө дутаж байна. 하지만 돈이 모자라요.
겝치 뭉그 도타찌 밴

тийм учраас (그러니까, 때문에)

Маргааш найзын төрсөн өдөр. 내일은 친구 생일입니다.
마르가-쉬 내찡 투르승 우드르

Тийм учраас бэлэг авах ёстой. 그러니까 선물을 사야 합니다.
티-임 오치라-쓰 비렉 아와흐 요스테

тэгээд (그리고)

Өчигдөр Энхээтэй оройн хоол идсэн. 어제 엥케와 함께 저녁을 먹었습니다.
우칙드르 엥헤테 어러잉 허-얼 이드승

Тэгээд хамт кино үзсэн 그리고 함께 영화를 보았습니다.
테게-드 함트 키노 우즈승

тэгвэл (그러면)

Ээж над руу яриагүй. 어머니께서 나에게 전화를 하지 않으셨습니다.
에-찌 나뜨로- 야리아귀

Тэгвэл чи өөрөө яриарай. 그러면 네가 전화해라.
테그웰 치 어-러- 야리아래

тэгсэн чинь (그랬더니)

Өчигдөр Заяатай таарсан. 어제 자야를 만났습니다.
우칙드르 자야태 타-르승

Тэгсэн чинь надад үүнийг өгсөн. 그랬더니 나에게 이것을 주었습니다.
텍승 친 나따드 우-니-끄 욱승

알아두기

◆ 경제 관련 단어

단어	의미	단어	의미
эдийн засгийн ухаан	경제학	алдагдалтай ажиллах	적자
эдийн засгийн өсөлтийн хувь	경제성장률	элэгдэл хорогдол	감가상각
үндэсний нийт бүтээгдэхүүн	국민총생산(GNP)	ажлын хөлс	급여
үйлдвэрлэл	생산	сарын цалин	월급
олон улсын худалдаа	국제무역	хөдөлмөрийн хөлс	수고비
улсын үйлдвэр	국영기업	компаний дүрэм	정관
корпораци	대기업	компаний гэрээ	계약
жижиг дунд үйлдвэр	중소기업	гаалийн татвар	관세
хувьцаат компани	주식회사	худалдааны тайлан тэнцэл	무역수지
хамтарсан компани	합작회사	импортын хорио	수입금지
ерөнхий захирал	대표이사	импортын хориотой барааны нэр төрөл	수입금지 품목
захирал, дарга	부사장	бөөний худалдаа	도매
гүйцэтгэх захирал	이사	жижиглэн худалдаа	소매
удирдах зөвлөл	이사회	банк	은행
ажилтан	직원	банкны салбар	지점

хэрэглэгч	소비자	хадгаламж	저축
нийлүүлэгч	공급자	хадгаламж нээх	통장 만들다
түнш	파트너	мөнгө хадгалуулах	예금하다
ариун цэврийн байцаагч	위생 검역사	данс нээх	구좌 개설 하다
гэрлийн байцаагч	전기측량 기사	гадаад валют	외환
галын байцаагч	소방관	мөнгөний ханш	환율
хөрөнгө	자본	бэлэн мөнгө	현금
үл хөдлөх хөрөнгө	부동산	мөнгө гуйвуулах	송금하다
дүрмийн сан	등록자본금	мөнгөний хүү	이자
орлого	수입	шимтгэл	수수료
цэвэр орлого	순 수입		
зарлага	지출		
ашигтай ажиллах	흑자		

3단계

문제 풀기

Ⅰ. 다음 주어진 단어를 알맞게 골라 쓰시오.

보기≫ Тэгээд , Тэгвэл, Харин

1. Би Чоль Сүтэй сургууль дээр уулзана. ________________ үүнийг Чоль Сүд өгөөрэй.
2. Манай ээж дуу их сайн дуулдаг. ________________ би дуулж чадахгүй.
3. Миний хоолой өвдсөн учраас би зайрмаг идэхгүй. ________________ би идлээ.
4. Орой 6 цагт гэртээ ирсэн. ________________ хоолоо хийсэн.
5. Ээж хоол хийж байна. ________________ би гэрээ цэвэрлэж байна.
6. Өчигдөр орой даргатай уулзсан. ________________ хамт оройн хоол идсэн.

Ⅱ. 다음 주어진 단어를 알맞게 골라 쓰시오.

보기≫ Гэхдээ, Тэгсэн чинь, Тийм учраас, Гэвч

1. Манай эгч надаа цамц авч өгсөн. ________________ тэр цамц надаа таарахгүй байв.
2. Дараа долоо хоногт шалгалттай. ________________ өнөөдрөөс сайн бэлдээрэй.
3. Манай охин төгөлдөр хуур дарж чадахгүй. ________________ сайн дуулж чадна.
4. Би ангийнхантайгаа цанын бааз явмаар байна гэж аавд хэлсэн. ________________ аав болохгүй гэв.
5. Маргааш их ажилтай. ________________ өнөөдөр сайн амрах хэрэгтэй.
6. Би найзтайгаа уулзмаар байна. ________________ надаа зав байхгүй.

Ⅲ. 다음의 몽골어를 우리말로 옮기시오.

1. Танд арван мянган төгрөг байгаа юу?
   →
2. Надаа энэ номыг заавал өгөөрэй.
   →
3. Хэдэн төгрөг хэрэгтэй вэ?
   →
4. Өчигдөр чи хэнтэй хамт кино үзсэн бэ?
   →
5. Тийм учраас спортоор хичээллэх хэрэгтэй.
   →

Ⅳ. 다음의 우리말을 몽골어로 옮기시오.

1. 오천 투그릭을 빌려주세요.
   →
2. 그는 2년 후에 학교를 졸업한다고 했습니다.
   →

3. 내일 나한테 돈이 필요해요.

→

4. 집까지 멀지 않다고 했습니다.

→

5. 토야는 경제학을 전공하는 학생입니다.

→

4 단계

단어 익히기

- зээлэх 빌리다
- зээлүүлэх 빌려주다
- хэрэглэх 쓰다, 사용하다
- өөр 다른
- заавал 꼭, 반드시
- бэлэг 선물

꿩먹고 알먹는
몽골어 첫걸음

문제풀기 정답

꿩먹고 알먹는 몽골어 첫걸음

1

Ⅰ. 1. вэ
2. бэ?
3. уу, юү
4. үү, юу
5. уу, уу
6. уу, юу

Ⅱ. 1. A : юу вэ?, B : Энэ дэвтэр./Энэ дэвтэр биш?
2. A : Тэр юу вэ?, B : Тийм, тэр гутал./Гутал биш.
3. A : Бат уу?, B : Тийм. Энэ/ Үгүй. Энэ Бат биш.
4. A : Тэр хэн бэ?, B : Тэр эмч./ Үгүй, тэр эмч биш.
5. A : Тэр өвөө юү?, B : Тэр өвөө . /өвөө биш.

Ⅲ. 1. 이것은 무엇입니까?
2. 저것은 야채입니까?
3. 이 사람은 벌드입니까?
4. 아니오, 이것은 생선이 아닙니다
5. 이것은 연필입니까?

Ⅳ. 1. Энэ дэвтэр үү?
2. Тийм. Энэ сандал.
3. Тэр ширээ юү?
4. Тэр хүн эмч үү?
5. Үгүй, Тэр хүн багш биш.

2

Ⅰ. 1. Эгчийн
2. ахын
3. Батын
4. Монгол хэлний
5. Японы
6. хүний
7. хүүгийн

Ⅱ. 1. Миний зураг.
2. Доржийн найз.
3. Багшийн үзэг.
4. Батын дүү.
5. Миний эгч Туяа.

Ⅲ. 1. Энэ миний өрөөний түлхүүр.
2. Энэ тэрний/ түүний/ ном биш. Миний ном.
3. Тэр Болдын гэр.
4. Тэрний/түүний/нэр Цэцэгээ.

Ⅳ. 1. 당신의 이름은 무엇입니까?
2. 당신 딸의 이름은 무엇입니까?
3. 당신은 몇 살입니까?
4. 나는 서른 한 살입니다.
5. 당신을 만나서 반갑습니다.

Ⅴ. 1. Би дөчин хоёр настай.
2. Манай хүү найман настай.
3. Энэ ээжийн цүнх.
4. Энэ хэний зураг вэ?
5. Тэр эгчийн утас.

3

Ⅰ. 1. -д
2. -д
3. -т
4. -д
5. -ид

Ⅱ. 1. Миний утас хаана байна вэ?
2. Чамд хэдэн төгрөг байна вэ?
3. Чамд толь бичиг бий юү?
4. Тэнд ном бий юү?
5. Өрөөнд сандал байна уу?

Ⅲ. 1. Үгүй, Англи хүн их байхгүй.
2. Манай сургуульд Япон багш гурав бий.
3. Үгүй, Би англи хэл мэдэхгүй.
4. Үгүй, Манай ээж орос хүн.

Ⅳ. 1. 네, 나는 한국인입니다.
2. 여기에 몇 사람이 있습니까?
3. 저기에 의자가 5개 있습니다.
4. 아니오, 저에게 책이 없습니다.
5. 당신에게 열쇠가 있습니까?

Ⅴ. 1. Гэрт дөрвөн хүн байна
2. Ангид хоёр ширээ байна
3. Та Хятад хүн үү?
4. Танд малгай бий юу?
5. Багш надаа хоёр ном өгсөн

4

Ⅰ. Номыг, толгойг, далбааг, ханыг, өрөөг, Хятадыг, түлхүүрийг, хэлийг, Америкийг, Солонгосыг, шүхрийг, цагийг

Ⅱ. 1. эмчийг
2. чамайг
3. Батыг
4. ээжийг
5. Чоль Сүг
6. найзыг

Ⅲ. 1. энийг
2. намайг
3. түүнийг
4. тэд нарыг
5. үгийг

Ⅳ. 1. 몇 개를 사시겠습니까/몇 개를 받으시겠습니까?
2. 이 책을 사시겠습니까?/받으시겠습니까?
3. 아니오, 나는 그 만년필을 사겠습니다/받겠습니다.
4. 나는 아이스크림을 좋아합니다.
5. 바트는 책을 읽었습니다.

Ⅴ. 1. Намайг Бат гэдэг.
2. Та энэ хувцсыг авах уу?/ худалдаж авах уу?
3. Үгүй, тэр харандааг өгөөч.
4. Би чамд хайртай.
5. Гэртээ орж хичээлээ хийе.

5

Ⅰ. 1. Хичээл хийж байна.
2. Хоол идэж байна.
3. зураг зурж байна.
4. Ном уншиж байна.
5. Нүүрээ будаж байна.

Ⅱ. 1. хөгжим сонсоогүй байна.
2. угаагаагүй байна.
3. аваагүй байна.
4. уугаагүй байна.
5. үзээгүй байна.

Ⅲ. 1. Үгүй, унтахгүй байна.
2. Үгүй, хичээлээ хийхгүй байна.
3. Үгүй, хоолоо идэхгүй байна.
4. Үгүй, угаахгүй байна.

Ⅳ. 1. 너는 무엇을 하고 있니?
2. 어떤 책 읽고 있습니까?
3. 나는 스포츠 프로그램을 보고 있습니다.
4. 바트는 편지를 쓰고 있습니까?
5. 나는 학교에 안 가고 있습니다.

Ⅴ. 1. Эгч телевизор үзэж байна.
2. Би телевизор үзээгүй байна.
3. Өвөө унтаж байна.
4. Би хичээлээ хийж байна.
5. Дорж кино үзэж байна.

6

Ⅰ. 1. үзсэн
2. уулзсан
3. явсан
4. идсэн

5. унтсан
6. уйлсан

Ⅱ. хийж байна, хийсэн/ авч байна, авсан/ өгч байна, өгсөн/ байж байна, байсан/ эхэлж байна, эхэлсэн/ явж байна, явсан/ гарч байна, гарсан/ гүйж байна, гүйсэн/ унтаж байна, унтсан/ харж байна, харсан/ сууж байна, суусан/ бичиж байна, бичсэн/ сурч байна, сурсан

Ⅲ. 1. аавтай, явсан,найзтайгаа хамт явсан
2. Туяатай, идсэн
3. гарсан уу, эгчтэй хамт гарсан
4. хийсэн үү, ээжтэй хамт хийсэн
5. өгсөн, Туяад, өгсөн.

Ⅳ. 1. 너는 어제 무엇을 했니?
2. 나는 어제 영화를 보았습니다.
3. 그 다음에 밥을 먹었습니다.
4. 나는 어제 토야를 만났습니다.
5. 우리 둘은 학교에 안 갔습니다.

Ⅴ. 1. Би өчигдөр Баттай кино үзсэн.
2. Би өчигдөр найзтайгаа уулзсан.
3. Би ноготой шөлөнд дуртай.
4. Би өчигдөр солонгосоос ирсэн.
5. Дүүд ном өгөөгүй.

7

Ⅰ. хийнэ, хийх үү, хийхгүй/ авна, авах уу, авахгүй/өгнө, өгөх үү, өгөхгүй/ эхэлнэ, эхлэх үү, эхлэхгүй/ явна, явах уу, явахгүй/ гарна, гарах уу, гарахгүй/ гүйнэ, гүйх үү, гүйхгүй/ унтана, унтах уу, унтахгүй/ харна, харах уу, харахгүй/ сууна, суух уу, суухгүй/ бичнэ, бичэх үү, бичихгүй.

Ⅱ. 1. 너는 내일 무엇을 할 거야?
2. 너는 누구와 같이 가게에 갈 거야?
3. 건강하십시오.
4. 너는 언제 몽골에 오니?
5. 너는 내일 도서관에 가니?

Ⅲ. 1. Би маргааш ээжтэй хамт Америк явна.
2. Бат нөгөөдөр найзтайгаа хамт Япон явна.
3. Төрсөн өдрийн мэнд хүргэе.
4. Би бүтэн сайн өдөр цанын бааз явна.
5. Эгч маргааш хөдөө явна.

8

Ⅰ. 1. Тийм, цас их ордог.
2. Үгүй, жоохон иддэг.
3. Тийм, их ирдэг.
4. Тийм, их уншдаг.
5. Үгүй, өгдөггүй

Ⅱ. 1. Лхагва гаригийн орой гэртээ найзтайгаа хичээлээ хийдэг.
2. Пүрэв гаригийн орой дүүтэйгээ тоглодог.
3. Баасан гаригийн орой хичээлээ хийдэг.
4. Бямба гаригийн орой найзтайгаа уулздаг.
5. Ням гаригийн орой телевизор үздэг.

Ⅲ. 1. 너는 주말에 몇 시에 일어나니?
2. 저녁식사는 몇 시에 먹습니까?
3. 이번 토요일에 영화 볼래?

4. 너의 시험 결과는 나왔니?
5. 우리 둘은 공동 2위입니다.

Ⅳ. 1. Чи хэдэн цагт босдог вэ?
2. Би гуравдугаар анги.
3. Өнөөдөр арван нэгдүгээр сарын хоёрны өдөр.
4. Монголд зун бороо их ордог уу?
5. Би ээж, аав, дүүтэйгээ дөрвүүлээ амьдардаг.

9

Ⅰ. 1. чамаас
2. надаас
3. түүнээс/тэрнээс
4. Монголоос
5. юунаас
6. надаас

Ⅱ. 1. Би багшаас асуусан.
2. Ахаас авсан.
3. Үгүй, бид нараас өөр хүн ирэхгүй.
4. наймаас хаана.
5. Есөөс эхэлнэ

Ⅲ. 1. 당신 어느 나라에서 왔습니까?
2. 나는 한국에서 왔습니다.
3. 지금 7 시 반입니다
4. 토야는 너보다 날씬하니?
5. 이 신발을 백화점에서 샀습니다.

Ⅳ. 1. Одоо хэдэн цаг болж байна вэ?
2. Үдээс хойш долоон цаг тавин зургаан минут болж байна.
3. Одоо ес хагас болж байна.
4. Хичээл хэдэн цагаас эхлэх вэ?
5. Энэ ном тэр номноос зузаан.

10

Ⅰ. 1. Харандаагаар
2. модоор
3. үхрийн махаар
4. автобусаар, машинаар, таксигаар
5. алчуураар

Ⅱ. 1. Машинаар гэртээ ирдэг.
2. автобусаар сургуульдаа явдаг.
3. Монголд онгоцоор ирдэг.
4. Хөдөө мориор явдаг.
5. Хятадад хүмүүс ажилдаа дугуйгаар явдаг.

Ⅲ. 1. Эгчээр хийлгэсэн.
2. Худалдагчаар ажиллаж байсан.
3. Машинаар зургаан цаг явна.
4. Галт тэргээр долоо хоног явна.
5. Үгүй, хүнтэй уулзахаар ирсэн.

Ⅳ. 1. 당신은 비행기로 왔습니까?
2. 나는 미니버스로 왔습니다.
3. 너는 이것을 무엇으로 썼니?
4. 나는 자전거로 학교에 갑니다.
5. 버스 정류장은 어디에 있습니까?

Ⅴ. 1. Би дараа жилийн сүүлээр Солонгос явна.
2. Би гал тэргээр хөдөө явна
3. Чи Солонгосруу сурахаар явах уу?
4. Энэ ширээг юугаар хийсэн бэ?
5. Таван буудал яваад дөрвөн зам дээр буунa.

11

Ⅰ. 1. эмнэлэг рүү
2. гэр лүү
3. монгол руу

4. буудал руу

Ⅱ. 1. над руу
2. гар луу
3. чам руу
4. над руу
5. солонгос руу

Ⅲ. 1. ой руу
2. ажил руу
3. зах руу
4. Америк руу
5. театр луу

Ⅳ. 1. 너는 어디로 가고 있니?
2. 나는 학교로 가고 있습니다.
3. 수업 끝나고 도서관으로 와라.
4. 학교로 어떤 버스가 갑니까?
5. 토야의 언니는 의사입니다.

Ⅴ. 1. Манай аав эмч.
2. Хичээл дуусаад гэрлүүгээ явж байна.
3. Эгч өнгөрсөн жил англи хэл сурахаар Америк явсан.
4. Би том болоод өмгөөлөгч болно.
5. Хэзээ Солонгос руу буцах вэ?

12

Ⅰ. 1. чинь
2. тань
3. чинь
4. маань
5. нь

Ⅱ. 1. чинь, маань
2. тань, аа
3. чинь
4. чинь/тань
5. чинь/тань

Ⅲ. 1. -ээ
2. -аа
3. -оо
4. чинь
5. нь

Ⅳ. 1. 너의 어머니는 오셨니?
2. 너는 서점에서 무엇을 샀니?
3. 나는 아버지 모자를 샀어요.
4. 바트는 집에서 공부하고 있습니다.
5. 당신의 아버지는 지금 몽골에 계십니까?

Ⅴ. 1. Чиний аав монгол явсан уу?
2. Манай аав одоо Солонгост байгаа
3. Чи гэртээ юу хийж байна вэ?
4. Би гэртээ хичээлээ хийж байна
5. Шалгалт дөрөвдөх өдөр дуусна.

13

Ⅰ. хийе, авъя, өгье, үзье, явъя, гаръя, гүйе, унтъя, харъя, сууя, бичье

Ⅱ. 1. 당신은 몇 시에 오십니까?
2. 빨리 와. 함께 영화 보자.
3. 누가 이 일을 할 겁니까?
4. 내일 너네 집에 갈께.
5. 새해맞이는 잘 하고 계십니까?

Ⅲ. 1. Шинэ оны мэнд хүргэе.
2. Сайхан наадаж байна уу?
3. Ангид орж хичээл хийе.
4. Маргааш орой хамт кино үзье.
5. Даваа гаригт хамт сурууль явъя.

14

Ⅰ. 1. хувцаснууд
2. гуталнууд
3. түлхүүрнүүд

4. эрэгтэйчүүд
5. эмч нар
6. захирлууд
7. эгч нар
8. машинууд

Ⅱ. 1. 내 친구들이 나를 기다리고 있습니다.
2. 몽골 사람들은 고기를 많이 먹습니다.
3. 우리학교 선생님들은 학생들을 사랑합니다.
4. 어제 우리 집에 손님이 많이 왔습니다.
5. 젊은 사람들은 산에 등산 갔습니다.

Ⅲ. 1. Ангид оюутнууд хичээл хийж байна.
2. Хүмүүс ууланд гарч байна.
3. Чи яагаад ирээгүй вэ?
4. Чи аль сургуульд явдаг вэ?
5. Гэрээ цэвэрлээрэй.

15

Ⅰ. 1. Шуудангийн урд сургууль байна.
2. Сургуулийн хажуу талын цайны газар байна.
3. Манай гэрийн хажууд эмийн сан байна.
4. Зах банкны ард байна.
5. Их дэлгүүрийн урд шуудан байна.

Ⅱ. 1. Сандлын урд байна.
2. Цонхны баруун талд байна.
3. өрөөны дунд/голд/ байна.
4. Цонхны зүүн талд байна.
5. Ширээн дээр байна.
6. зурагтны хажууд байна.

Ⅲ. 1. 너네 집은 어디니?
2. 오늘은 누가 설거지 합니까?
3. 병원은 어디에 있습니까?
4. 이 열쇠를 언니에게 줘라.
5. 집에 빨리 가라.

Ⅳ. 1. Энэ номыг Батад өгөөрэй
2. Хоолоо хурдан идээрэй
3. Энэ номыг хурдан уншаарай
4. Их дэлгүүрлүү яаж явах вэ?
5. Гэрлүүгээ яаж явдаг вэ?

16

Ⅰ. 1. Сая сэрсэн
2. Дүү гараа угаав
3. Дулаан болжээ
4. Их хөөрхөн болжээ
5. Их өндөр болжээ

Ⅱ. 1. Гадаа ямар байв?
2. Солонгост бороо их орж уу?
3. Хэн ангийн түлхүүр өгсөн бэ?
4. Ямар ном авсан бэ?
5. Хоол амттай болж уу?

Ⅲ. 1. 선생님들이 회의를 했습니다.
2. 몽골인들은 말을 많이 탑니다.
3. 신발장 안에 신발을 넣는다.
4. 사람들이 많이 왔어?
5. 밖에 비 많이 왔어?

Ⅳ. 1. Хүүхдүүд гэртээ байна.
2. Хичээл их хийсэн үү?
3. Туяа энд төрсөн.
4. Ширээн дээр олон ном байна.
5. Ширээнүүд хаана байна вэ?

17

Ⅰ. 1. хийгээд
2. цэвэрлээд
3. ирээд
4. өвдөөд
5. өгөөд

Ⅱ. 1. гүйж чадахгүй/чадна
2. зурж чадахгүй/чадна
3. дуулж чадахгүй/чадна
4. дарж чадахгүй /чадна
5. ярьж чадахгүй/ чадна
6. хийж чадна /чадахгүй

Ⅲ. 1. 약 먹고 식사하세요.
2. 이것을 읽고 쓰세요.
3. 금년에 와서 2년 후에 가요.
4. 어제 한국영화가 나왔다.
5. 러시아에 눈이 많이 왔다.

Ⅳ. 1. Би усанд сэлж чадахгүй.
2. Найз маань маргааш ирж чадна.
3. Дүү Солонгос хоол хийж чадна.
4. Дүү ном уншиж чадна.
5. Бие өвдөөд хичээлээ хийж чадаагүй.

18

Ⅰ. 1. тоглож болохгүй
2. тоглож болохгүй
3. гүйж болохгүй
4. ууж болохгүй
5. тасалж болохгүй
6. хоцорч болохгүй
7. явж болохгүй

Ⅱ. 1. явмаар байна
2. явмаар байна
3. үзмээр байна
4. идмээр байна
5. хармаар байна

Ⅲ. 1. Мягмар гаригийн арван долоон цаг дөчин таван минутад найзтайгаа уулзсан.
2. Баасан гаригийн долоон цагт өглөөний цайгаа уусан.
3. Бямба гаригийн хорин нэгэн цаг гучин таван минутад Цэцгээтэй кино үзсэн.
4. Ням гаригийн өдөр хувцсаа угаасан.

Ⅳ. 1. 저 지금 영화 봐도 될까요?
2. 당신은 오늘 무엇을 하고 싶습니까?
3. 아이들은 새롭게 쌓인 눈으로 눈싸움을 했다.
4. 나는 여행으로 이탈리아에 가고 싶습니다.
5. 나는 7월에 몽골에 가고 싶어요.

Ⅴ. 1. Энэ ажлыг дуусгаад явж болох уу?
2. Оюутан хичээлдээ хоцорч болохгүй.
3. Энэ дэвтрийг дүүдээ өгч болох уу?
4. Би гэртээ амармаар байна.
5. Би одоо жорлон явмаар байна.

19

Ⅰ. 1. ирэхэд
2. ирэхэд
3. орж ирэхэд
4. явахад
5. хийхэд

Ⅱ. 1. Маргааш ажил их учраас уулзаж чадахгүй.
2. Ханиад хүрсэн учраас ажилдаа яваагүй.
3. Найзын төрсөн өдөр учраас бэлэг худалдаж авсан.
4. Ээж ажилдаа явсан учраас би хоол хийсэн.

Ⅲ. 1. 너는 오늘 잘 쉬고 내일 와라.
2. 오늘 비가 와서 땅이 촉촉하다.

3. 우유가 없어서 못 샀습니다.
4. 수영할 때 수영모자가 필요하다.
5. 내일 바쁘니까 모레 만나자.

Ⅳ. 1. Өнөөдөр хэдэн хэм бэ?
2. Өнөөдөр хасах хорин хэм хүйтэн байна.
3. Маргааш завгүй учраас дараа уулзъя.
4. Цас орж байгаа учраас малгайгаа аваад яваарай.
5. Дүү бид хоёр солонго татахыг харсан.

20

Ⅰ. 1. Бат хоол идэхээр Чоль Сүгийн гэрлүү явна.
2. Чоль Сү морь унахаар маргааш Монгол явна.
3. Бат сургуульд сурахаар нөгөөдөр Орос явна.
4. Би орой Цэцгээтэй кино үзэхээр кино театр явна.
5. Би маргааш цүнх худалдаж авахаар зах явна.

Ⅱ. 1. Ажилдаа явах гэж байна.
2. Утсаар ярих гэж байна.
3. Хичээл хийх гэж байна.
4. Хувцсаа угаах гэж байна.
5. Оройн хоол идэх гэж байна.

Ⅲ. 1. Би өвөөтэй хамт хөдөө явна.
2. Цэцгээ гэртээ ээжтэйгээ хамт байгаа.
3. Би ах, дүү хоёртойгоо амьдардаг.
4. Найзтайгаа оройн хоол иднэ.
5. Ахтайгаа монгол явна.

Ⅳ. 1. 나는 자려고 한다.
2. 나는 동생이랑 영화 보러 간다.
3. 너는 무엇을 하려고 하니?
4. 나는 1월에 친구들과 스키타러 간다.
5. 나는 축구선수가 되고 싶습니다.

Ⅴ. 1. Би номын санруу явах гэж байна.
2. Би сагсан бөмбөг тоглох дуртай.
3. Бат нөгөөдөр орос хэл сурахаар орос явна.
4. Би цүнх худалдаж авахаар их дэлгүүр явсан.
5. Би ирэх долоо хоногт гэрийнхэнтэйгээ цанын бааз явна.

21

Ⅰ. 1. сайн амрах хэрэгтэй.
2. эм уух хэрэгтэй.
3. сайн сурах хэрэгтэй.
4. дүүдээ туслах хэрэгтэй.
5. авах хэрэггүй
6. өгөх хэрэггүй
7. авах хэрэггүй

Ⅱ. 1. сүүг уувал гэдэс өвдөнө
2. уншвал нүд муудна.
3. их унтвал толгой өвдөнө.
4. алхавал хөл өвдөнө.
5. Машин ирвэл явна.

Ⅲ. 1. 가격이 싸면 꼭 사라.
2. 많지 않으면 살 필요없다.
3. 여기 신발들이 안 맞으면 다른 가게로 갑시다.
4. 나에게 사탕을 안 주면 나는 밥 안 먹어.
5. 오늘은 시장에 가야 합니다.

Ⅳ. 1. Өнөөдөр гэртээ эрт харих хэрэгтэй.

2. Тэр хүнтэй уулзах хэрэггүй.
3. Ах ирвэл надаа хэлээрэй.
4. Маргааш завтай бол уулзъя.
5. Цас их орвол ирэх хэрэггүй.

22

Ⅰ. 1. иртэл
2. гартал
3. дуустал
4. иртэл
5. зогстол
6. иртэл
7. очтол
8. гартал
9. ортол
10. хартал

Ⅱ. 1. Аав хурдан гэртээ ороорой гэж хэлсэн.
2. Ээж оройн хоолоо идээрэй гэж хэлсэн.
3. Багш энийг бичээрэй гэж хэлсэн.
4. Өвөө цай хийгээд өг гэж хэлсэн.
5. Найз гараад ир гэж хэлсэн.

Ⅲ. 1. Дорж сургуульдаа явсан гэнэ/ явсан гэж байна.
2. Чоль Сү Америк явсан гэнэ/ явсан гэж байна.
3. Ах цанын бааз явсан гэнэ/ явсан гэж байна.
4. Эгч найз нартайгаа кино үзэхээр явсан гэнэ/ явсан гэж байна.
5. Дулмаа маргааш Солонгос явна гэнэ/ явна гэж байна.

Ⅳ. 1. 더르찌는 선생님을 만나러 왔습니다.
2. 수업 끝날 때까지 선생님은 안 나오십니다.
3. 사장님이 나오실 때까지 저기에 앉아서 기다리십시오.
4. 토야가 나한테 오늘 온다고 했습니다.
5. '내일 추워진다' 라고 말했다.

Ⅴ. 1. Энд тамхи татаж болохгүй гэж байна.
2. Гэрт орж иртэл амттай хоолны үнэр гарав.
3. Уржигдар ирнэ гэсэн яасан бэ?
4. Тэр газрыг Сүхбаатрын талбай гэдэг.
5. Маргааш бороо орно гэсэн.

23

Ⅰ. 1. хийсэн боловч
2. дуусгасан боловч
3. авсан боловч
4. сурсан боловч
5. өгсөн боловч

Ⅱ. 1. хэн ч баяр хүргэсэнгүй
2. алга ташаагүй
3. Монгол хэл мэдэхгүй
4. танидаг хүн ирээгүй
5. мах иддэггүй

Ⅲ. 1. 그 책상을 왜 하얀색으로 칠했습니까?
2. 우리 집에 노란색 페인트가 없어요.
3. 너네 집에 파란색 페인트 있어?
4. 무슨 색 페인트를 살까요?
5. 여기에 초록색 페인트가 많이 있습니다.

Ⅳ. 1. Гэрээ ямар өнгөөр будах вэ?
2. Цонхоо цагаан өнгөөр будаарай.
3. Хаалгаа цэнхэр өнгөөр будвал зохино.
4. Шалгалтандаа сайн бэлдсэн

болович сайн оноо авч
чадаагүй.
5. Эгч энд ирсэн. Гэвч надтай
уулзаагүй.

24

Ⅰ. 1. оронгуут
2. ирэнгүүт
3. унтрангуут
4. дуусангуут
5. дуусангуут

Ⅱ. 1. Би ээжтэй их удаан ярилцав.
2. Ах надтай хоол хийлцэв.
3. Найз надтай кино орчуулалцав.
4. Батаа найзтайгаа хамт миний ажлыг хийлцэв.
5. Дорж энэ зургыг багштай хамт зуралцсан.

Ⅲ. 1. Сургууль дотор хашгиралдаж болохгүй.
2. Хүүхдүүд гэнэт уйлалдаж эхлэв.
3. Эмнэлэг дотор гүйлдэж болохгүй.
4. Ангид шуугилдаж болохгүй.
5. Бидний санал зөрөлдсөн.

Ⅳ. 1. 당신들은 언제 노래 경연대회에 참가했습니까?
2. 나는 토야를 작년에 몽골에서 만났습니다.
3. 내년 4월에 토야가 더르지랑 함께 댄스 경연대회에 참가하러 독일에 간다.
4. 나는 빨간색 가방을 사고 싶습니다.
5. 이것은 너의 신발과는 어울리지 않는다.

Ⅴ. 1. Найзтайгаа хамт ажил хийсэн.
2. Би англи хэл сурмаар байна.
3. Одоо манай дүү гадаадад сурч байгаа.
4. Аав ажлаасаа ирээгүй байна.
5. Кино эхэлмэгц хүмүүс чимээгүй болов.

25

Ⅰ. хийгдсэн, харагдсан, баригдсан, урагдсан, бичигдсэн, уригдсан,
1. хийгдсэн,
2. баригдсан,
3. уригдсан,
4. урагдсан

Ⅱ. 1. явцгаасан
2. идэцгээсэн
3. явцгаасан
4. гүйцгээв
5. унтацгаав

Ⅲ. 1. 몽골국립대학은 어디에 있습니까?
2. 나는 금년에 예술대학을 졸업했습니다.
3. 아이들은 모두 교실로 갔습니다.
4. 수흐바타르 광장 가운데 있는 건물이 국회입니다.
5. 우리 오빠는 의과대학 4학년입니다.

Ⅳ. 1. Аав өчигдөр ажлаасаа халагдсэн.
2. Тэд нар оройн онгоцоор монгол явна.
3. Ах дүү хоёр хоёулаа АУИС-д орсон.
4. Манай гэрийнхэн өглөө зургаан цагт өглөөний цайгаа уудаг.
5. МИАТ-ийн утас хэд вэ?

26

Ⅰ. 1. хийлгэ

2. уншуул
3. оёуул
4. авхуул
5. цэвэрлүүл

Ⅱ. 1. орж магадгүй, ирэх байх
2. ирэхгүй байж магадгүй, ирэхгүй байх
3. очиж магадгүй, очих байх
4. авж магадгүй, авах байх
5. хоцорч магадгүй, хоцрох байх
6. хүйтэн байж магадгүй, хүйтэн байх

Ⅲ. 1. 밤에 비가 많이 온 것 같습니다.
2. 내일 일이 많을 것 같습니다.
3. 이 큰 가방이 어머니께 필요할지 모른다.
4. 동생이 옷을 입게 해라.
5. 동생을 높은 의자에 앉혀라.

Ⅳ. 1. Ахаар шувуу бариул.
2. Хэнийг мах худалдаж авахаар дэлгүүр явуулах вэ?
3. Маргааш багш ирэх юм шиг байна.
4. Маргааш бороо орж магадгүй.
5. Энэ тэмцээнд Дорж түрүүлэх юм шиг байна/шинжтэй байна.

27

Ⅰ. 1. хойш
2. хойно
3. өмнө
4. дараа
5. төлөө
6. тулд

Ⅱ. 1. хүртэл
2. хүртэл
3. шахам
4. орчим
5. байтугай

Ⅲ. 1. 2년 전 할아버지와 고향에 다녀 온 후에 다시 못 갔다.
2. 밥 먹기 30분 전에 약을 먹습니다.
3. 스스로를 위해서 무엇을 해야 합니까?
4. 부자가 되기 위해서 열심히 일해야 한다.
5. 외국어를 배우기 위해서 말하기 연습을 많이 해야 합니다.

Ⅳ. 1. Хоёр жилийн турш монголд сурсан.
2. Танай сургуульд гадаад оюутан хэд орчим байдаг вэ?
3. Одоо мөнгө хэд орчим хэрэгтэй вэ?
4. Бүх эцэг эхчүүд хүүхдийнхээ төлөө ажил хийдэг.
5. Би америкт арван жилийн турш амьдарсан.

28

Ⅰ. 1. шүү
2. дээ
3. шүүдээ
4. биз
5. биз дээ

Ⅱ. 1. хог бүү хая, хог битгий хая
2. бүү залхуур, битгий залхуур
3. бүү худал ярь, битгий худлаа /худал ярь

Ⅲ. 1. 영화를 보기 전에 무엇을 했습니까?
2. 오늘은 커피를 마시지 마라.
3. 너는 내일 같이 갈 거지?
4. 이 약을 하나 먹으면 되겠지요?
5. 나는 피자만 먹고 싶습니다.

Ⅳ. 1. Ардын бүжиг хэзээ гарах вэ?
2. Би энэ компанид 20 гаруй жил ажилсан.
3. Ээж битгий яв гэж хэлэв.
4. Өнөөдөр даваа гариг биш.
5. Архи уудаггүй биз?

29

Ⅰ. 1. Тэгвэл
2. Харин
3. Тэгвэл
4. Тэгээд
5. Харин
6. Тэгээд

Ⅱ. 1. Гэвч
2. Тийм учраас
3. Харин
4. Тэгсэн чинь
5. Тийм учраас
6. Гэвч

Ⅲ. 1. 당신에게 만 투그릭 있습니까?
2. 나에게 이 책을 꼭 줘라.
3. 돈이 얼마 필요합니까?
4. 어제 누구랑 영화 봤어?
5. 그러니까 운동을 해야 합니다.

Ⅳ. 1. Таван мянган төгрөг байвал зээлүүлээч.
2. Тэр хоёр жилийн дараа сургуулиа төгсөнө гэсэн.
3. Маргааш надад мөнгө хэрэгтэй.
4. Гэр хүртэл хол биш гэсэн.
5. Туяа эдийн засгийн ангид сурдаг оюутан.

참고문헌

강 신 (2003) 『여행필수 몽골어 회화』, 문예림

강 신 (2004) 『현대몽골어 연구』 한국몽골학회 학술총서 4, 문예림, 서울

김기성 (2005) 『 주머니 속의 여행 몽골어』, 신나라

김기성 (1994) 『현대 몽골어 교본』, 한림대학교 출판부

김학선 (2004) 『현대 몽골어의 여 · 처격어미와 일본어 조사 "に"의 대조 연구』, 몽골학 16호, 한국몽골학회

(2005) 『현대 몽골어의 주어식별표지』, 몽골학 18호, 한국몽골학회

(2005) 『현대 몽골어와 한국어의 대격표지에 관하여』, 몽골학 19호, 한국몽골학회

(2006) 『현대 몽골어와 한국어의 명령 · 원망법 어미 대조 연구』 몽골학 20호, 한국몽골학회

(2007) 『현대 몽골어와 한국어의 부사 대조 연구』, 몽골학 22호, 한국몽골학회

유원수 (2001) 『삼지 포켓 여행 몽골어 회화』 삼지사, 서울

유원수 (2006) 『몽골어 첫걸음』, 삼지사

이성규 (2000) 『몽골의 언어와 문자』, 한 · 몽골 교류 천년

황선국 (2006) 『몽골 생활 정보 회화집』, 한국장로교회출판사

몽골 국립대학교 한국학과(2004), 『한 · 몽 사전』

Л. Цэрэнчунт, Sharon Luethy (2002) 『Сайн байна уу?』, Улаанбаатар

МУИС. Солонгос хэлний тэнхим (2000) 『Орчин цагийн монгол хэлний сурах бичиг』

Х. Далхажав, Ц. Цэрэнчимэд (1974) 『Зөв бичих зүйн толь бичиг』, БНМАУ БЯ

Ц. Шагдарсүрэн (1999) 『Орчин цагийн Монгол хэлний сурах бичиг』 АДМОН компани

Шигэо Озава (2003) 『Орчин үеийн Монгол-Япон толь』, "Монгол судлал"

A. Munkhtsetseg, Kh.Delgermaa (2005) 『Golden key to Mongolian』, Mon-Education Press. Ltd

Charles Bawden (1997) 『Mongolian-English dictionary』 Printed in Great Britain

Kh.Bayasmaa (2005) 『Mongolian. Survival Course』

D.Baasanjav, M.Solongo (2002) 『Gateway to mongolian』 Mon-Education Press. Ltd

D. Tserenpil, Rita Kullmann (1996) 『Mongolian grammar』, Published by Jensco. Ltd

J.Lubsangdorj, Jaroslav Vacek (2004) 『Colloquial Mongolian』

Charles University in Prague, Philosophical Faculty Institute of South and Central Asian Studies, Seminar of Mongolian Studies